Tobias v. Boehn

Inspiriert leiten

Ein Praxisbuch für Menschen mit Verantwortung

© 2007 by C & P Verlagsgesellschaft mbH
Glashütten im Taunus

Layout: darda-designprojekt.de
Satz: Tanja Hoffmann
Fotos: Frank Reinhold
Druck: GGP Media GmbH, Pößneck

ISBN 978-3-86770-122-8

Registrierungscode: XN1R-5F65-2W43

Herausgegeben im Auftrag des
Amtes für Gemeindeentwicklung und
missionarische Dienste der
Evangelischen Kirche im Rheinland
Missionsstraße 9 a
42285 Wuppertal

gmd@ekir.de

Gewidmet ist dieses Buch

Julia, Viola, Valerie sowie meiner Frau Christiane
und meinem 87 jährigen Vater, der mich immer wieder ermutigt,
nie mit dem Fragen aufzuhören.

Geistliche Leitung – Lola rennt

Alles redet von geistlicher Leitung. Man kann damit überall „punkten": bei Pfarrkonventen und bei Tagungen über missionarische Gemeindeentwicklung, beim Führungskräfte-Meeting wie im Predigerseminar und auch bei Hauskreisleitern. Geistliche Leitung ist angesagt! Was ist geistliche Leitung? Ist geistliche Leitung vorhanden, wenn „Geistliche" (wer bitte?) leiten? Oder geschieht geistliche Leitung, wenn wir Geistliches tun, also z.B. beten oder predigen, während es irdisch oder gar weltlich zugeht, wenn wir rechnen und planen? Der Begriff ist weniger klar, als wir denken.

Tobias v. Boehn spricht von inspirierter Leitung. Und er legt kein dickleibiges Buch mit einer Theorie der inspirierten Leitung vor, sondern ein schmales Bändchen, in dem es zugeht wie bei Tom Tykwers schönem Film „Lola rennt": Es wird dieselbe Geschichte dreimal erzählt, aber jedes Mal etwas anders. In der ersten Runde läuft der Autor mit uns durch die Praxis inspirierter Leitung und zeigt uns an wiederum drei Beispielen, was das ist: Wie wird Leitung wahrgenommen? Wie können Projekte entwickelt werden? Und wie kann man Veränderungsprozesse in Gang bringen? In der zweiten Runde wird dem Leser ein kleines didaktisches Programm zu genau diesen drei Themen übergeben, das in Leitungskreisen durchgeführt werden kann, und zwar charmanterweise in das normale Geschehen integriert und ohne allzu großen zeitlichen Extraaufwand. Und in der dritten Runde werden praktischerweise noch die Teilnehmermaterialien nach-gereicht. Das ist schon ziemlich inspiriert geleitet vom Autor.

Entscheidend ist der „Spirit", der hier inspiriert. Biblische Geschichten bilden das Rückgrat. Ihnen wird abgehorcht, wie geistliche Leitung aussehen kann. Die Inspiration kommt aus der Schrift und führt in die Praxis. Und sie berührt dann gutes, praktisches Leiten. Geistlich leitet, wer gut leitet und dabei für den Geist Gottes offen ist. Und geistlich leitet, wer Menschen wahrnimmt, ihre Gaben anerkennt und zur Geltung bringt. Hier wird nicht „top down" dekretiert, wie es zu gehen hat. Hier wird aber auch nicht „bottom up" jede Führung verweigert. Aber die Führung dient einem Geschehen, das möglichst vielen Raum gibt sich einzubringen und möglichst alle – auch bei Widerständen – mitnimmt.

Dabei wird dem Leser ein methodischer Werkzeugkasten mitgegeben, der vieles zusammenbringt, was zum guten Handwerk gehört: der Umgang mit 360°-Leitung wie die SWOT-Analyse, der Weg von der Vision zur Ziel- und Strategiedefinition, die Eisenhowermatrix und die Wahrnehmung unterschiedlicher Erwartungen an gute Leitung.

Es ist Tobias v. Boehn zu wünschen, dass sein Buch weite Verbreitung findet und es ist vielen Gemeinden zu wünschen, dass sie sich von diesem Arbeitsbuch zu inspirierter Leitung leiten lassen.

Prof. Dr. Michael Herbst, Greifswald

Inhaltsverzeichnis

Vorbemerkungen
Zum allgemeinem Aufbau des Arbeitsbuches — 7
Grundentscheidungen — 9

Teil 1 — 11

A Leitung wahrnehmen — 13
Leiten lernen als Chance und Verantwortung — 13
Erwartungen als Arbeitsauftrag — 19
Leitungsstile entdecken, zuordnen, einsetzen — 23
Biblische Beobachtungen zum Leitungsverhalten
Das Hiskija-Prinzip:
Gedanken zu 2. Chronik 29 und 30 — 27

B Projekte entwickeln — 31
Probleme ernst nehmen
und den Auftrag ermitteln — 31
Exkurs: Die Diktatur des Dringlichen — 34
Visionen entdecken und Situationen wahrnehmen — 37
Ziele bestimmen und Strategien entwickeln — 43
Biblische Beobachtungen zur Projektentwicklung
Das Jitro-Prinzip: Gedanken zu 2. Mose 18 — 47

C Veränderungsprozesse in Gang bringen — 51
Umgang mit Widerständen –
„Ein Projekt zum Fliegen bringen!" — 51
Aufbrüche wagen – das Glockenkurvenprinzip — 57

Teil 2 — 63
Zur Moderation — 65
Zum Umgang mit dem didaktischen Grundriss — 65
Zum Einstieg in die Fortbildung — 65

A Leitung wahrnehmen — 67
Leiten lernen als Chance und Verantwortung — 67
Erwartungen als Arbeitsauftrag — 71
Leitungsstile entdecken, zuordnen, einsetzen — 75

B Projekte entwickeln — 81
Vorbemerkungen — 81
Probleme ernst nehmen und den Auftrag ermitteln — 83
Visionen entdecken und Situationen wahrnehmen — 89
Ziele bestimmen und Strategien entwickeln — 95

C Veränderungsprozesse in Gang bringen — 103
Umgang mit Widerständen –
„Ein Projekt zum Fliegen bringen!" — 103
Aufbrüche wagen – das Glockenkurvenprinzip — 109
Methoden zur Entscheidungsfindung — 113

1 Lerninhalte

2 Didaktische Grundrisse, Methoden, und Schaubilder

Teil 3   **117**

A Leitung wahrnehmen   119

Leiten lernen als Chance und Verantwortung   120
Erwartungen als Arbeitsauftrag   124
Leitungsstile entdecken, zuordnen, einsetzen   126

B Projekte entwickeln   133

Probleme ernst nehmen und den Auftrag ermitteln   134
Visionen entdecken und Situationen wahrnehmen   135
Ziele bestimmen und Strategien entwickeln   138

C Veränderungsprozesse in Gang bringen   141

Umgang mit Widerständen –
„Ein Projekt zum Fliegen bringen!"   142
Aufbrüche wagen – das Glockenkurvenprinzip   144
Methoden zur Entscheidungsfindung   146

Schlussbemerkungen   149

Persönliche Beobachtungen
zu 2. Mose 2,1–10   151

Geistlich kompetent leiten muss geübt werden! -
Hans-Martin Steffe (Baden)   153

Ein herzlicher Dank   154

Zum Autor   154

Anhang   155

Fußnoten   157
Didaktische Randnotizen   158
Weitere hilfreiche Arbeitsmaterialien für
Leitungsgremien   159

Weitere Literatur   164

Material zum Download   168

Anleitung für den Download der Materialien zu diesem Praxisbuch:

Präsentation zu den einzelnen Einheiten
Material für Teilnehmende (Kopiervorlagen)
Bastelanleitungen und Schablonen

3 Material für die Teilnehmenden

„Wichtig ist, dass man nicht aufhört zu fragen."
Albert Einstein

„Wer A sagt, muss nicht B sagen. Er kann auch erkennen, dass A falsch war."
Bertolt Brecht

Während meiner Ausbildung wurde ich kaum auf Leitungsaufgaben vorbereitet. Das nötige Handwerkszeug musste ich mir im Laufe meines Dienstes mühsam und oft über viele Umwege und Irrwege aneignen.

Beauftragt von Menschen und in der Verantwortung vor Gott, fand ich mich immer wieder in Situationen, in denen mir die nötigen Kenntnisse und Fähigkeiten fehlten, den mir zugewiesenen Leitungsauftrag angemessen zu erfüllen.

Dabei habe ich beobachtet, dass es anderen Hauptamtlichen, aber auch vielen Ehrenamtlichen mit Leitungsverantwortung in unseren Gemeinden und Vereinen, ähnlich erging.

Ich hätte mir ein Buch gewünscht, das mir hilft, mein eigenes Leitungsverhalten zu reflektieren. Darüber hinaus hätte ich Handwerkszeug gebraucht, um mit einer Gruppe Leitungsgrundlagen zu erarbeiten und für die gemeinsame Arbeit fruchtbar zu machen.

So ist die Idee dieses Buches entstanden.

Es greift auf praxisbewährte Grundkenntnisse und Umsetzungswerkzeuge für Leitungskreise zurück.

Es will Unerfahrenen den Einstieg in Leitungsverantwortung erleichtern und Erfahrene zur Reflexion des eigenen Handelns einladen. Darüber hinaus will es Leitungsteams helfen, gemeinsame Grundlagen zu entwickeln.

Zum allgemeinen Aufbau des Arbeitsbuches

Lerninhalte

Die Lerninhalte sind zu Themenblöcken zusammengestellt. Sie können aber auch für sich behandelt werden.

Die Inhalte werden durch Bilder, Geschichten o.ä. veranschaulicht und münden in Impulsfragen.

Didaktische Grundrisse und Schaubilder

Der didaktische Grundriss hilft die Lerneinheiten zu vermitteln. Dies geschieht im Wechsel von Informations- und Einübungsphasen, in denen das Gehörte als neues Verhaltensmuster trainiert wird. Der Zeitrahmen beträgt ca. 45 Minuten.

Die Schaubilder zeigen, wie der zu vermittelnde Inhalt an einer Flipchart entwickelt werden kann. Die Präsentationen sind auch direkt einsetzbar. Sie können sich die entsprechenden Dateien aus dem Internet herunterladen..

Material für die Teilnehmenden

Die Zusammenfassungen sind für die Teilnehmenden als Orientierung im Umgang mit ähnlichen Fragestellungen gedacht.

Weitere Impulse wie Spielregeln, Fragen u.ä. dienen den Teilnehmenden zur Vertiefung bzw. der Veranschaulichung oder auch zur Eigenreflexion.

Vorbemerkungen

Grundentscheidungen

Die Situation

Viele Leitende wünschen sich eine Atmosphäre des Vertrauens in ihren Leitungskreisen. Es ist die emotionale Grundlage, um Gemeindeentwicklung bewusst zu gestalten. Die Erfahrung zeigt, dass Vertrauen durch das Zutrauen in die Verlässlichkeit der Partner und in die eigene Fähigkeit entsteht.

Voraussetzungen sind Transparenz der Leitungsmotive und -handlungen sowie die eigenen Leitungsfähigkeiten. An diesen drei Stellen setzt das Arbeitsbuch an.

Vorbemerkungen

Der Weg

„Die wichtigste Zeit in einer Fortbildung ist die Zeit nach einer Fortbildung!" Was bringen die besten Schulungen, wenn sie in der Praxis
– wie gute Vorsätze an Silvester – wieder schnell verblassen?!
Diese Erfahrung hat zu folgenden Grundentscheidungen geführt:

1. Die Lerninhalte sind so gestaltet, dass sie als Tagesordnungspunkt eines normalen Leitungstreffens behandelt werden können. Die Lerneinheiten sind somit eher eine Begleitung in der Praxis als eine Reflexion und Fortbildung für die Praxis. Die Behandlung einzelner Themenblöcke hat sich jedoch auch auf ganztägigen Fortbildungen bewährt.

2. Es wurden Bereiche ausgewählt, die unmittelbar in den Arbeitsprozess einer Leitungssitzung einfließen können.

3. Im Mittelpunkt steht das Ziel, sich gegenseitig mit den unterschiedlichen Überzeugungen wahrzunehmen und anzunehmen. In der Integration der Unterschiedlichkeit kann etwas Gemeinsames wachsen, aus dem heraus eine feinfühlige und zugleich souveräne Leitung möglich ist.

4. Didaktisch wird verstärkt mit Fragen gearbeitet. „Veränderung durch Fragen", so könnte man die Grundhaltung dieses Buches zusammenfassen. Gute Fragen sind wie „Mentoren" auf dem Weg zu einem guten Leitungsverhalten und Orientierungspunkte auf dem Weg zu einem gemeinsamen Standpunkt.

Das, was gemeinsam als Team erkannt wird, wird am ehesten auch in die Praxis umgesetzt.

Lerninhalte

A Leitung wahrnehmen

1 Lerninhalte

Leiten lernen als Chance und Verantwortung

Ziel
Notwendigkeit von Fortbildungen benennen. Raum geben, Widerstände zu äußern. Gemeinsame Absprachen treffen.

Geschichte

Es ist alles da – aber noch nicht alles entfaltet.

Ein Mitarbeiter eines Leitungsteam hatte eines Nachts einen Traum. Er stand mit seinem Team in einem Laden. Wunderbare Behälter umgaben sie. Aber so sehr sie sich auch bemühten, sie konnte nicht erkennen, was sie beinhalteten. So fragten sie den Engel, der an der Ladentheke stand: „Sie haben hier so schöne Behälter. Wir ahnen, dass man hier etwas Wunderbares kaufen kann. Aber was ist es?"

„Nun," sagte der Engel, „Sie können hier alles bekommen, was für ein gut funktionierendes Leitungsteam nötig ist."

„Oh, das kommt uns ja gerade recht", antworteten die versammelten Mitarbeitenden des Leitungsteams, „denn wir haben gerade so unsere Probleme miteinander."

„Wir möchten für unser Team
 … gegenseitiges Verständnis für unsere Anliegen,
 … Weisheit für die richtigen Entscheidungen,
 … Bereitwilligkeit, sich auf neue Wege einzulassen,
 … Begeisterung für die Inhalte, mit denen wir uns beschäftigen,
 … Vertrauen in die Arbeit der Anderen,
 … Nachsichtigkeit für fremde Fehler,
 … Verständnis von denen, die wir leiten…!"

„Moment," sagte der Engel. „Sie haben mich nicht verstanden. – Wir verkaufen hier keine Früchte, sondern nur das Saatgut."

Viele Möglichkeiten liegen in jedem/jeder von uns. Zahlreiche Begabungen, Stärken, Ideen und Gedanken sind vorhanden. Wir können ein wirklich gutes Team sein und miteinander gute Entscheidungen fällen. Es ist als Saatgut von Gott in uns hineingelegt. Es ist alles da. Vieles aber ist verborgen und noch nicht sichtbar zur Entfaltung gekommen.

Die spannende Frage könnte lauten: Was können wir tun, damit wir die Schätze, die in uns liegen, gemeinsam zur Entfaltung bringen?

A   Leitung wahrnehmen

Wie können wir dafür sorgen, dass unsere Stärken im Team noch mehr zur Entfaltung kommen?

Schätze wahrnehmen

Psalm 139,13: Denn du hast meine Nieren bereitet und hast mich gebildet im Mutterleib. Ich danke dir, dass ich wunderbar gemacht bin, wunderbar sind deine Werke, das erkennt meine Seele wohl. (Lutherübersetzung)

Bei allem weiteren Nachdenken sollten wir das nie vergessen: Wir sind ein in die Tat umgesetzter wunderbarer Gedanke Gottes. So sollten wir uns sehen. So sollten wir einander sehen. So sollten wir uns als Team sehen.

Bewusstsein schaffen

HIRTENLOS

Wir haben eine Verantwortung

Gott ehrt uns, indem er uns Leitungsverantwortung zutraut. Gott fordert uns durch Probleme und Schwierigkeiten heraus. Gott nimmt uns mit unserer Arbeit auch in die Verantwortung und er dient uns, indem er uns Begabungen schenkt und die Fähigkeit, uns fortzubilden.

Im 1. Petrusbrief 2, 10 steht:
Dient einander mit den Fähigkeiten, die Gott euch geschenkt hat – jeder und jede mit der eigenen, besonderen Gabe! Dann seid ihr gute Verwalter der vielfältigen Gnade Gottes. (Gute Nachricht)

Lerninhalte

Wir brauchen Fortbildung

„Es ist noch kein Meister vom Himmel gefallen." Eine alte Weisheit.

Ein Handwerker macht darum eine Ausbildung, bevor er sein Handwerk ausführt. Ein Lehrer muss studieren, bevor er Menschen unterrichten darf. Ein Sportler trainiert, um beim Wettkampf körperlich fit und technisch gut vorbereitet zu sein. Und wie steht es bei uns? Wie erlangen wir die Kenntnisse, die uns in die Lage versetzen, eine Gemeinde zu führen, d.h. sie nicht nur zu verwalten, sondern auch zu leiten?

Widerstände ernst nehmen

Wenn es um Fortbildung geht, regen sich auch Widerstände, z.B.:

- Ist jetzt plötzlich alles schlecht, was wir gemacht haben? Wir haben uns doch so viel Mühe gegeben. Wir haben unser Bestes gegeben. Ist das jetzt etwa nicht mehr gut genug?
- Bis jetzt sind wir doch auch ohne all das ausgekommen!
- Wir haben keine Zeit für so was! Unsere Sitzungen sind doch auch so schon zu lang.
- Was bringt so eine kleine Fortbildung schon? Das ist doch nichts Halbes und nichts Ganzes!

Die Anfragen sollten ernst genommen werden. Erfahrungsgemäß helfen bei solchen Widerständen folgende Argumente:

- Wer nicht wagt, der nicht gewinnt!
  Natürlich ist eine Fortbildung immer ein Wagnis. Ob sie wirklich hilft, wissen wir erst nachher. Aber wenn, erleichtert es unsere Arbeit.

- Eine Fortbildung ist keine Entscheidung für die Ewigkeit!
  Wir können einen begrenzten Bereich in einer begrenzten Zeitspanne behandeln und dann entscheiden, ob, wie und wann wir weitermachen.

Spielregeln klären

Um eine gute Lernatmosphäre zu schaffen, ist es wichtig, bestimmte Verhaltensleitlinien zu klären. Hierzu gehören folgende Spielregeln:[1]

1. Ich kann solange fragen, bis ich alles verstanden habe
Das Nachfragen Einzelner hilft oft allen, einen Zusammenhang zu verstehen. Es gilt: Nachfragen sind wichtig und nötig, denn Andere trauen sich vielleicht nicht oder haben die Thematik in ihrer Tiefe noch nicht begriffen.

Es gilt: Es gibt keine dummen Fragen!

2. Ich muss nicht alles richtig beantworten
Wir vermeiden gerne Fehler. Das ist grundsätzlich nicht falsch. Nur – dort wo wir unbekanntes Gebiet betreten, werde wir auch Fehler machen. „Übung macht den Meister." Nur durch Versuch und Irrtum, durch Wagnis und Fehler können wir uns Neues aneignen. Es gilt: Fehler bringen uns weiter! Darum können wir mutig falsch antworten. Oft führen so genannte falsche Antworten auf die richtige Fährte.

Es gilt: Es gibt keine dummen Antworten!

3. Ich darf entscheiden, was ich für meine Arbeit brauche
Wir wissen am besten, was für uns und unsere Situation gut ist. Darum müssen wir prüfen, was wir für uns übernehmen und was nicht. Diese Arbeit kann uns keiner abnehmen. Es gilt: Ich übernehme für meine Arbeit nur das, was mir entspricht und sich für mich bewährt. Doch bevor ich das entscheiden kann, muss ich mich damit vertraut gemacht haben.

Es gilt: Erst ausprobieren, dann entscheiden!

4. Ich bin ein Anwalt für meine Bedürfnisse
Wenn wir z.B. eine Arbeitsform nicht mitmachen oder eine Frage nicht beantworten möchten, dann dürfen wir das mit gutem Gewissen tun. Wir wollen einander vertrauen, dass alle sich so einbringen, wie sie können.

Es gilt: Ich muss mich nicht überfordern!

5. Ich darf meine Meinung ändern
„Man wird alt wie eine Kuh und lernt immer noch dazu." Dieses alte Sprichwort gilt auch hier. Es ist keine Schwäche, Überzeugungen oder Verhalten zu ändern. Im Gegenteil, es ist eine besondere Stärke.

Es gilt: Es gehört oft mehr Mut dazu, seine Meinung zu ändern, als ihr treu zu bleiben (Friedrich Hebbel).

1 Lerninhalte

Erfahrungen auswerten

Nach der Durchführung einer Fortbildungseinheit ist ein Auswertungsgespräch sinnvoll. Hier kann überprüft werden, in wieweit sich die gemeinsame Fortbildung bewährt hat.

Es ist sinnvoll, schon vor der Fortbildung den Teilnehmenden die Auswertungsfragen mitzugeben. Besonders Bedenkenträgern hilft es, sich auf den Prozess der Fortbildung einzulassen.

Zur Reflexion können folgende Fragen helfen:

1. **Wo wurden wir in unserer Arbeit bestätigt?**
   Hier wird der Widerstand aufgenommen: „Ist jetzt plötzlich alles schlecht, was wir gemacht haben?"

2. **Was war für uns wenig hilfreich?**
   Hier wird der Widerstand aufgenommen: „Bis jetzt sind wir doch auch ohne das ausgekommen!"

3. **Wo sind wir in unserer Arbeit effektiver geworden?**
   Hier wird der Widerstand aufgenommen: „Wir haben keine Zeit für so was!" (Manchmal lässt sich diese Frage jedoch erst nach ein paar Monaten beantworten.)

4. **Wo hat die Fortbildung uns geholfen und unseren Horizont erweitert?**
   Hier wird der Widerstand aufgenommen: „Was bringt so eine Schulung schon?"

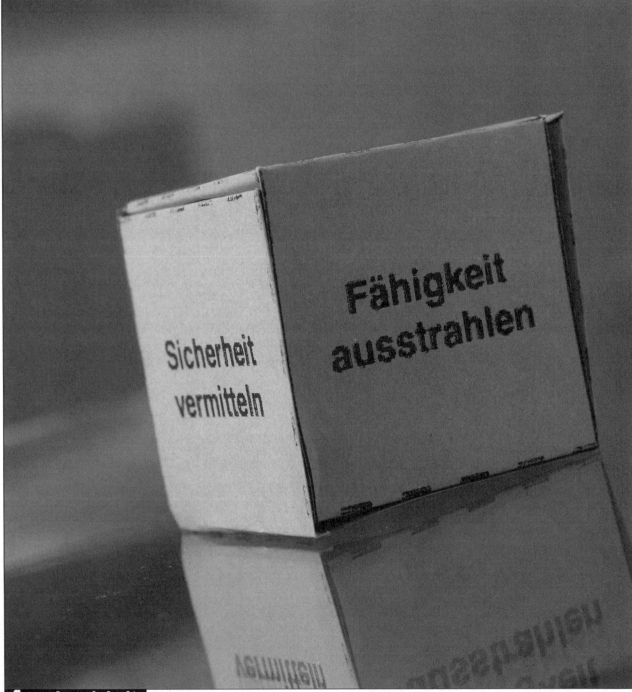

1 Lerninhalte

Erwartungen als Arbeitsauftrag

Ziel

Die Teilnehmenden lernen ihre Arbeit aus dem Blickwinkel derer, für die sie Leitungsverantwortung tragen, zu reflektieren. Sie entwickeln wichtige Kriterien, an denen sie zukünftig ihr Leitungsverhalten orientieren können.

Problem

Wenn wir in ein Leitungsgremium berufen werden, konfrontieren uns die Menschen mit Erwartungen. Oft werden sie nicht ausgesprochen. Dennoch ist es gut, sie zu kennen, ernst zu nehmen und auf diese Erwartungen aktiv Antworten zu finden.

Bild

Die Grunderwartungen von Menschen an ihre Leitung sind zu vergleichen mit den schützenden Wänden eines Hauses. Werden die Erwartungen erfüllt, fühlen sich die Geleiteten in ihrer Arbeit geschützt.

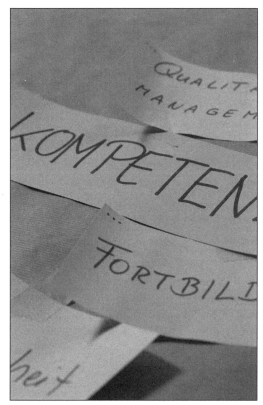

A   Leitung wahrnehmen

Die vier Grunderwartungen (Die vier Wände eines Hauses)[2]

Im Allgemeinen werden an Leitungsgremien vier Erwartungen gestellt:

1. Sie sollen Orientierung geben (Identität).

Die Leitenden sollen aufzeigen, wofür die Gemeinschaft steht, worin sie sich von anderen Gemeinschaften unterscheidet und was für sie besonders ist. Es geht um die Vermittlung von Werten, Grundlinien und Kernaussagen, die in der Gemeinschaft gelten.

2. Sie sollen Sicherheit vermitteln (Klima).

Menschen wollen das Gefühl haben, dass die Leitenden Wege durch die Unwägbarkeiten des Gemeindelebens finden. Sie erleben Sicherheit

- durch Vermittlung klarer Ziele und Aufgaben,
- durch das Gefühl, mit ihren Fragen und Bedürfnissen ernst genommen zu werden,
- sowie durch Unterstützung und Hilfe bei den Aufgaben, die sie zu erfüllen haben.

3. Sie sollen Fähigkeit ausstrahlen (Qualität).

Sie müssen fachlich in der Lage sein, ihre Leitungsaufgaben auszuführen (d.h. in Handlungen umzusetzen) und ihre Arbeit verständlich und klar darzulegen (d.h. nach außen zu vermitteln).

4. Sie sollen Vorbilder sein (Authentizität).

Es geht um eine Körpersprache der Leitung, die das von ihr Vertretene widerspiegeln sollte. Nach dem Motto: „Alles Reden nützt nichts, die Menschen machen einem doch alles nach!" Hierzu gehören auch Umgangsformen wie Ehrlichkeit, Loyalität, Partnerschaftlichkeit und Einsatzbereitschaft.

Es lohnt, von diesen Grunderwartungen her die eigene Rolle zu bedenken.

1 Lerninhalte

Fragen

1. Fragen: Wofür stehen wir?

Welche Werte, Grundlinien, Kernaussagen unserer Gemeinschaft vermitteln wir nach außen?

2. Fragen: Wie erleben die Mitarbeitenden unsere Unterstützung in ihrer Arbeit?

Wie nehmen die Menschen wahr, dass wir sie mit ihren Fragen und Nöten ernst nehmen?

3. Fragen: Wie drückt sich Qualität in unserer Arbeit aus?

Was können wir gut? Wie sorgen wir dafür, dass wir die nötigen Fähigkeiten entwickeln oder/und trainieren, um qualitativ hochwertig unser Leitungsamt auszuüben?

4. Fragen: Wie nehmen die Menschen uns wahr?

Wie leben wir das, was uns wichtig ist, in der Öffentlichkeit?

A**Leitung wahrnehmen**

1 Lerninhalte

Leitungsstile entdecken, zuordnen, einsetzen

Ziel

Die Teilnehmenden lernen die Vielschichtigkeit des Leitungsverhaltens und dessen unterschiedliche Handlungsweisen kennen.

Problem

Als Leitende leiten wir Menschen in ganz unterschiedlichen Positionen. Diesen Positionen entsprechen ganz unterschiedliche Leitungsstile. Um Konflikte zu vermeiden, ist es gut, diese wahrzunehmen und zu überlegen, wie jeweils ein angemessener Leitungsstil aussieht.

Bild

Die erfüllten Grunderwartungen von Menschen an ihre Leitung sind wie schützende Wände eines Hauses. Ein gutes Leitungsverhalten ist wie ein Dach, das durch seine Konstruktion diese Wände in ihrer Statik stärkt und unter dem sich Menschen bergen können.

A   **Leitung wahrnehmen**

Leiten in vier Richtungen

Wir leiten in vier verschiedene Richtungen:[3]

1. Leiten nach unten

Mein Leitungsverhalten gegenüber denen, für deren Arbeitsbereich ich die Verantwortung trage

2. Leiten zur Seite

Mein Leitungsverhalten gegenüber denen, mit denen ich mir die Leitungsverantwortung teile

Normalerweise trage ich die Leitungsverantwortung nicht alleine. Ich arbeite in einem Team und der Arbeitsbereich steht in einem großen Kontext. Was ich tue, wirkt sich aus auf das, was andere tun.

3. Leiten nach oben

Mein Verhalten gegenüber denen, die mich leiten und für meinen Leitungsbereich Leitungsverantwortung tragen

Durch die Leitung meines Arbeitsbereichs setze ich Akzente, für die andere die Verantwortung tragen.

4. Sich selber leiten

Mein Nachdenken über mein eigenes Leitungsverhalten

Wer leitet, kann Leitung auch zu eigenen egoistischen Zwecken missbrauchen und muss sich darum über die Beweggründe für das eigene Verhalten klar werden. Es geht darum, sich immer wieder kritisch zu fragen und hinterfragen zu lassen: Wozu mache ich das, was ich mache? Geht es mir in erster Linie um die Menschen, die mir anvertraut sind, oder darum, Recht, Erfolg und Macht zu haben (die drei wohl größten Versuchungen für Leitende)?

Fragen

Im Matthäusevangelium 7, 12 sagt Jesus: Behandelt die Menschen so, wie ihr selbst von ihnen behandelt werden wollt – das ist es, was das Gesetz und die Propheten fordern.
(Gute Nachricht)

Guten Leitungsstilen kommen wir auf die Spur, wenn wir die Rollen tauschen und in die Rolle unseres Gegenübers schlüpfen.

Hieraus ergeben sich dann folgende Fragen:

1. Wie möchte ich als Mitarbeiter/in von meinem Leiter/meiner Leiterin geleitet werden?

2. Wie möchte ich als Mitarbeiter/in von anderen Mitarbeitenden in ihre Entscheidungen eingebunden werden?

3. Wie möchte ich als Leiter/in von meinen Mitarbeitenden für ihre Ideen und Projekte gewonnen werden?

4. Wie sollen die, die mich leiten, ihr eigenes Leitungsverhalten kontrollieren und überprüfen?

Problem

Die meisten Mitglieder eines ehrenamtlichen Leitungsgremiums sind im Leitungsbereich nicht geschult. Sie sind ungeübt in der Reflexion des eigenen Verhaltens. Darüber hinaus fehlen ihnen Informationen und häufig auch Vorbilder, wie gute Leitung aussehen kann.

Vertiefung der vier Leitungsebenen

Zur Vertiefung kann es sinnvoll sein, Leitende mit Impulsen von außen zu konfrontieren. Sie eröffnen Horizonte. Die eigene Sicht wird erweitert und in der Auseinandersetzung profiliert. Dabei will das folgende Impulspapier helfen. Es will nicht vorgeben, wie gute Leitung aussieht, sondern dazu ermutigen über Facetten von Leitung nachzudenken.

Impulse zu den Leitungsebenen

Siehe Zusammenfassung: Leitung wahrnehmen – Impulse
(vgl. Seite 133 – 135)

Leitfaden für die Leitung

Es ist gut, wenn das Leitungsteam sich einen ausformulierten Leitfaden zusammenstellt, an dem es die eigene Arbeit regelmäßig überprüft.

Folgende Formulierungen können hierbei helfen:

1. Wir wollen die, die uns anvertraut sind, leiten, indem wir …

2. Wir wollen andere Mitarbeitende in unsere Entscheidungen einbinden, indem wir …

3. Wir wollen die, die uns leiten, für unsere Projekte und Ideen gewinnen, indem wir …

4. Wir wollen unser eigenes Leitungsverhalten kontrollieren und überprüfen, indem wir …

A   Leitung wahrnehmen

1 Lerninhalte

Biblische Beobachtungen zum Leitungsverhalten
Das Hiskijaprinzip:
Gedanken zu 2. Chronik 29 und 30

Einführung

Ein besonderes Augenmerk richtet das 2. Chronikbuch auf die Reformwilligkeit einiger Könige. Ist ihr Bemühen auch gescheitert und blieben sie Einzelgänger in der Geschichte Israels, so fällt doch die liebevolle Betrachtung der Verfasser auf, in der das Leitungsverhalten dieser Könige wahrgenommen wurde.

Ein Bespiel dafür ist Hiskija. Sein werbendes Handeln und Reden für eine Gottesdienstreform ist beeindruckend. Er leitet, ohne die Menschen dabei aus dem Blick zu verlieren. Die Art und Weise wie dies geschieht, ist hilfreich für ein Leitungsverhalten.

A   Leitung wahrnehmen

Zur Auslegung

2. Chronik 29, 3 Noch im ersten Jahr seiner Regierung, gleich zu Beginn des neuen Jahres, ließ Hiskija die Tore des Tempels wieder öffnen und instand setzen.

Wer leiten will, muss sagen, wohin er/sie leitet.
Hiskija will seinem Volk die Tür zu einer lebendigen Gottesbeziehung öffnen. In einem für alle sichtbaren Schritt veröffentlicht er sein Anliegen.

V. 4 – 5 +10 – 11 Dann rief er die Priester und die Leviten zu sich. Sie versammelten sich auf dem Platz im Osten und er sagte zu ihnen: »Männer vom Stamm Levi, hört mir zu! (...) Reinigt und weiht auch den Tempel wieder! (...) Ich habe jetzt die feste Absicht, mit dem Herrn, dem Gott Israels, einen Bund zu schließen, in der Hoffnung, dass er seinen Zorn von uns abwendet. Verliert nun keine Zeit mehr, geht an eure Aufgabe! Euch hat der Herr doch erwählt, als seine Diener vor ihm zu stehen und ihm Opfer darzubringen.«

Wer leiten will, muss Entscheidungsträger mit einbeziehen und sie an ihre Berufung erinnern. Dabei gilt es, die Kompetenzen anderer zu fördern, zu fordern und ernst zu nehmen.
Hiskija wendet sich zunächst an die Leviten. Ihnen war die Aufgabe des Tempeldienstes übertragen. Indem er sie an ihren Auftrag erinnert, fordert er sie auf, ihre Aufgabe ernst zu nehmen.

V. 20 + 28 – 29 Am nächsten Morgen rief König Hiskija die führenden Männer der Stadt zu sich und ging mit ihnen zum Haus des Herrn hinauf. (...) Alle versammelten Israeliten warfen sich nieder und beteten den Herrn an. (...) Zum Schluss warfen sich der König und alle Anwesenden noch einmal zur Anbetung nieder.

Wer leiten will, muss Mitleitenden das Ziel veranschaulichen.
Hiskija nimmt die Führenden zum ersten Gottesdienst mit. Sie erleben gemeinsam das, was Hiskija wichtig ist.

V. 35 – 36 (...) Damit war der regelmäßige Gottesdienst im Tempel des Herrn wieder aufgenommen. Hiskija und das ganze Volk freuten sich sehr, dass Gott ihnen diese Wende geschenkt hatte. Sie war viel schneller eingetreten, als sie erwartet hatten.

Wer leiten will, erklärt Erfolge zu gemeinsamen Erfolgen und weiß sich dabei von Gott beschenkt.
Hiskija feiert das Ergebnis als ein gemeinsames Geschenk Gottes.

2. Chronik 30, 1–3 Hiskija schickte Boten mit Briefen durch das ganze Gebiet von Israel und Juda; (...) Vorher hatte er sich mit den verantwortlichen Männern und der ganzen Gemeinde von Jerusalem beraten, ob sie nicht das (Passa-)Fest diesmal erst im zweiten Monat begehen sollten. Zum vorgeschriebenen Zeitpunkt im ersten Monat war es nicht möglich (...).

Wer leiten will, braucht ein Team.
Hiskija entscheidet nicht alleine. Er macht die Betroffenen zu Beteiligten.

1 Lerninhalte

V. 13 + 17 Im zweiten Monat kam eine große Volksmenge in Jerusalem zusammen, um das Passafest und das Fest der Ungesäuerten Brote zu feiern. Es war eine ungewöhnlich große Versammlung. (...) Viele der Festteilnehmer hatten (...) schon angefangen, das Passamahl zu essen, ohne die Reinheitsvorschriften beachtet zu haben. Darum betete Hiskija für sie (...).

Wer leiten will, muss Schwierigkeiten nicht ersticken, sondern integrieren.

Hiskija reagiert auf Schwierigkeiten gelassen. Es muss nicht alles perfekt funktionieren. Aber er ignoriert die Schwierigkeiten auch nicht. Er macht sie zu einem Gebetsanliegen.

V. 21 – 22 Sieben Tage lang feierten die in Jerusalem versammelten Israeliten voller Freude das Fest der Ungesäuerten Brote. (...) Hiskija lobte die Leviten, weil sie mit so viel Umsicht ihren Dienst für den Herrn ausgeübt hatten.

Wer leiten will, muss Augen und Worte haben für den Einsatz und die Mühen der Mitstreiter und Mitstreiterinnen.

Hiskija denkt im Feiern auch an die, die sich mit ihm auf den Weg gemacht haben und die für das Gelingen sorgten.

V. 22 – 24 (...) Als die Tage zu Ende waren, beschloss die ganze Gemeinde, noch weitere sieben Tage zusammenzubleiben, und auch diese zweite Woche machten sie zu einem Freudenfest. König Hiskija von Juda hatte der Gemeinde dazu 1000 Rinder und 7000 Schafe geschenkt und die führenden Männer des Volkes hatten 1000 Rinder und 10000 Schafe gegeben. Sehr viele Priester hatten sich zum Dienst gereinigt.

Wer leiten will, sollte vorleben, was er sich von anderen wünscht. Leitung hat eine Körpersprache.

Ein gutes Vorbild hat die größte Überzeugungskraft. Hiskija erlebt wie sein Vorbild andere ermutigt.

V. 27 Zuletzt erhoben sich die Priester, die Nachkommen Levis, und erteilten dem Volk den Segen des Herrn.

Wer leiten will, muss lernen, Leitung anderen zu überlassen.

Hiskija hat sein Ziel erreicht: Der Gottesdienst ist wieder eingeführt. Die dafür vorgesehenen Mitarbeiter haben ihren Platz eingenommen. Er tritt aus der Rolle des Initiators der Gottesdienste in den Hintergrund.

Der Bibeltext ist der Guten Nachricht entnommen.

A   Leitung wahrnehmen

1 Lerninhalte

Probleme ernst nehmen und den Auftrag ermitteln

Ziel
Probleme als hilfreiche Wegweiser für eine Projektentwicklung entdecken und Wege finden, Aufträge auszuwählen, zu präzisieren und zu formulieren.

Geschichte

„Langsam geht schneller!"[5]

Till Eulenspiegel saß am Wegrand, als eine Kutsche mit vier Pferden aus der Entfernung anraste und dann vor ihm hielt. Der Kutscher schrie: „Wie weit ist es noch zur Stadt?" Eulenspiegel antwortete: „ Wenn Ihr langsam fahrt, werdet Ihr in zehn Minuten da sein. Rast Ihr hingegen, wird es Stunden dauern." Darauf der Kutscher: „Idiot!" Er drosch auf die Pferde ein und raste weiter. Eulenspiegel begann langsam in Richtung Stadt zu wandern. Als er eine halbe Stunde gegangen war, begegnete er dem Kutscher, dessen Kutsche im Graben lag. „Was ist passiert?", fragte Eulenspiegel. „Achsenbruch", erwiderte der Kutscher. „Seht ihr," sagte der Schelm, „ich sagte Euch ja:

Wenn Ihr es langsam angeht, kommt Ihr weit schneller voran, als wenn Ihr meint, besonders schnell vorgehen zu müssen!"

Sorgfältig planen

Bei der Planung von Projekten ist es sinnvoll, in kleinen Schritten vorzugehen. Zunächst erscheint dies mühsam und überflüssig. Je weiter wir aber in der Planung fortschreiten, umso mehr erleben wir, wie gerade die ersten, anscheinend so unwichtigen Schritte uns helfen, unsere Aufgabe zu erfüllen.

B   Projekte entwickeln[4]

Bild

Brückenbau erster Teil – Den Bauplatz für eine Brücke finden.

Die Planung eines Projektes ist zu vergleichen mit dem Bau einer Brücke. Eine Brücke wird erst dann gebaut, wenn klar ist, dass sie notwendig ist. Am Anfang steht also die Untersuchung des Problemfeldes. Danach muss der Auftrag zum Brückenbau formuliert werden. Das heißt, es geht um eine Auftragsermittlung. Diese beiden Planungsfelder werden in der ersten Einheit der Projektplanung behandelt.

Das Problem wahrnehmen

Ein Problem ist vielfältig. Aus verschiedenen Blickwinkeln wird es sehr unterschiedlich wahrgenommen. Zugleich setzt das Energie frei. Es stößt Gedanken und Worte an. Ein Problem in seinem ganzen Umfang zu untersuchen, kostet Zeit und Mühe. Aber es zahlt sich aus. Je konkreter wir das Problem erfassen, umso konkreter werden wir später Lösungswege formulieren können.

Das Problem untersuchen

Jedes Problem ist anders. Es ist gut, dem nachzugehen. Helfen kann hierbei folgende Frage:

- Wie äußert sich dieses Problem?

1 Lerninhalte

Den Auftrag wahrnehmen

Menschen tragen Probleme an uns heran, von denen oft nicht klar ist, ...

- ob unsere Meinung gefragt ist oder einfach nur unsere Bereitschaft zum Zuhören.
- ob wir die Probleme selbst lösen sollen oder nur helfen sollen, sie zu lösen.
- ob wir sie lösen können oder weiterreichen müssen.

Es geht um die Frage nach dem Auftrag, der sich hinter dem Problem verbirgt.

Darum gilt es zunächst zu klären:

- In welcher Absicht werden wir mit diesem Problem konfrontiert und welcher Auftrag ergibt sich daraus?

Den Auftragsumfang ermitteln

Wenn wir uns über Inhalt und Umfang des Auftrags nicht klar werden, kann es bei der Übernahme leicht zu fachlichen Überforderungen und zeitlicher Überlastung kommen.

Die Folge ist:

- Wir versprechen Dinge, die wir nicht einhalten können.
- Wir verzetteln uns und reagieren nur noch.
- Wir tun Dinge, für die wir gar nicht beauftragt wurden.

Es geht um die Frage:

- Welchen Umfang hat der Auftrag?

Den Auftrag prüfen

Bei jedem Auftrag sollten wir uns entscheiden, ob wir ihn annehmen oder ablehnen bzw. welche Aufträge wir an andere weitergeben möchten.

Vier Entlastungsfragen können helfen:

1. Warum überhaupt?
   Ist dieser Auftrag es wert, beantwortet zu werden? – Wir können Aufträge auch ablehnen!

2. Warum gerade wir?
   Gibt es jemanden, der diesen Auftrag gleich gut oder besser ausführen kann als wir? Können wir jemanden bei der Durchführung dieses Auftrags unterstützen, damit er diesen in Zukunft an unserer Stelle ausführen kann?

3. Warum ausgerechnet jetzt?
   Ist es der richtige Zeitpunkt? Haben wir zurzeit Wichtigeres zu erledigen?

4. Warum in dieser Form?
   Gibt es für dieses Problem auch andere Lösungswege?

B   Projekte entwickeln

Exkurs: Die Diktatur des Dringlichen

Dringend und wichtig – zur Bewertung von Aufgaben

Vieles dringt auf uns ein. Aber die Zeit ist begrenzt. Wir müssen uns entscheiden, wofür wir unsere Zeit einsetzen. Die Unterscheidung zwischen dringend und wichtig kann hier helfen.

Dringend ist, was auf uns eindringt und uns sagt, dass wir es sofort zu erledigen haben (z.B. das Bezahlen von Rechnungen).

Wichtig ist, was unseren Vorstellungen entspricht, aufgrund derer wir diese Aufgabe übernommen haben (z.B. eine Gemeinde mitzugestalten).

Beurteilt man alle Aufträge, die auf einen zukommen, anhand dieser beiden Kriterien, können wir zwischen vier Bereichen unterscheiden:

Wichtig und dringend ...

... sind Aufträge, die von außen an uns herangetragen werden und unmittelbar mit dem Gelingen dessen, was uns wichtig ist, zusammenhängen.

Um die Erfüllung dieser Aufgaben müssen wir uns wenig Sorgen machen. Aufgrund der Dringlichkeit werden diese Aufträge den Raum fordern, den sie brauchen.

Dringend, aber nicht wichtig ...

... sind Aufträge, die von außen an uns herangetragen werden. Sie stehen zwar mit dem, was uns wichtig ist, in keinem unmittelbaren Bezug, erheben aber dennoch den Anspruch, erledigt zu werden.

Damit dieser Bereich nicht zuviel Raum bekommt, kann es helfen, die Zeit zum Erledigen dieser Aufträge von vornherein klar zu begrenzen bzw. die Aufträge zu delegieren.

Es gilt: eine Aufgabe braucht nur soviel Zeit, wie wir ihr geben!

Nicht wichtig und nicht dringend ...

... sind Aufträge, die keine Antwort verlangen und auch keine Auswirkung auf die weitere Arbeit haben.

Hier ist eine wachsame Disziplin gefordert, damit diese nicht zum Zeitfresser werden. Eine hilfreiche Frage kann sein: Welche Konsequenzen hat es, wenn wir diesen Auftrag nicht erfüllen?

Hat es keine Konsequenzen für das, was uns wichtig ist, so können wir ihn unbearbeitet fallen lassen.

Wichtig, aber nicht dringend ...

... sind die Aufträge, die uns bewogen haben, diese Aufgabe zu übernehmen. Es ist das, was uns bei dieser Arbeit ausfüllt und Sinn gibt. Was uns sagt: „Das ist es, warum ich diese Arbeit mache!"

Dieser Bereich ist besonders problematisch. Da diese Anliegen sich aufschieben lassen, treten sie schnell in den Hintergrund und werden immer wieder von Dringendem verdrängt.

Nur wenn wir auch das machen, was uns wichtig ist und uns erfüllt, sind wir auf Dauer motiviert, engagiert und können gelassen mit eigenen und fremden Unzulänglichkeiten umgehen.

Für diesen Bereich müssen im Vorfeld der Sitzungen Zeiträume festgelegt werden, damit die wichtigen Aufträge nicht von dringenden verdrängt werden.

Das Problem der unterschiedlichen Bewertungen

In einem Leitungsteam ist es häufig so, dass die Bewertung dessen, was wichtig bzw. unwichtig ist und was dringend bzw. nicht dringend ist, unterschiedlich ausfällt.

Es ist gut, gemeinsam zu klären, was für wen wichtig ist. Finden sich unterschiedliche Bewertungen, ist es sinnvoll, aufgaben- und interessenorientierte kleine Teams zu bilden, die dem gesamten Leitungsteam zuarbeiten.

B   Projekte entwickeln

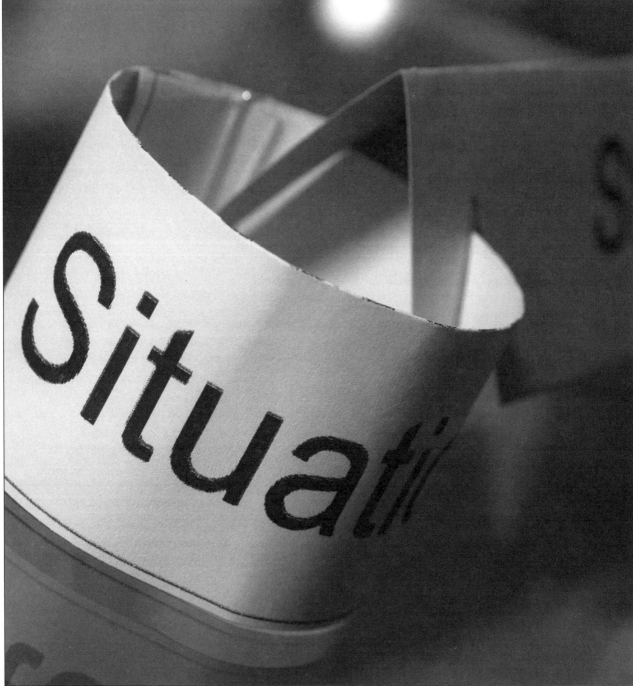

1 Lerninhalte

Visionen entdecken und Situationen wahrnehmen

Bild

Brückenbau zweiter Teil – Die Uferbereiche des Flusses untersuchen

Nach der Entscheidung für einen Brückenbau muss zunächst die Beschaffenheit der Uferbereiche untersucht werden. Die Situation und die Vision sind – bildlich gesprochen – die beiden Uferseiten des Flusses. Die Uferseite der Situation zeigt den Ist-Zustand, in dem wir leben. Sie zeigt, wie wir zur Zeit leben. Die Uferseite der Vision macht die neue zukünftige Situation sichtbar. Sie zeigt, wie wir in Zukunft leben könnten.

Gefahren

Wo wir zwischen Situation und Vision nicht genau unterscheiden, bleibt letztendlich alles wie es war. Es wird nur ein wenig vollkommener. Im Bild gesprochen: Das Ufer der Situation wird gar nicht verlassen.

Wo Situation und Vision nicht aufeinander bezogen bleiben, wird die Vision zur unrealistischen Träumerei. Das Neue ist so weit weg, dass es nicht ernst genommen wird. Bildlich gesprochen: Vom Ufer der Situation her muss das Ufer der Vision erkennbar sein, sonst wissen wir nicht, wohin wir aufbrechen sollen.

Ziel

Eine Vision formulieren und von der Vision her die Situation, d.h. den „Ist-Zustand" untersuchen.

Die Vision entdecken und die Situation wahrnehmen

Bevor eine Brücke gebaut werden kann, müssen die Ufer der Situation und der Vision untersucht werden. Sie bilden die beiden Bezugspunkte, von denen her Ziele und Strategien entwickelt werden können.

Mit der Vision beginnen

Die Situation ist oft vielschichtig und nicht selten verwirrend. Darum ist es sinnvoll, sich zunächst die Vision vor Augen zu führen. Danach gilt es, aus dem Blickwinkel der Vision die Situation zu untersuchen.

Erst dann ist es sinnvoll, über Ziele und Strategien nachzudenken. Auf diese Weise können Ziele und Strategien bestimmt werden, die realistisch sind und zugleich visionäre Züge enthalten.

B   Projekte entwickeln

Kriterien für eine Vision: Das SPITZE-Modell

Visionen schaffen eine neue Wirklichkeit. Sie helfen Menschen, sich von der augenblicklichen Situation zu lösen und neue Ziele und Wege zu bestimmen, die über den Horizont der Situation hinausgehen.

Damit Menschen einer Vision folgen können, muss diese Vision **„spitze"** sein.

Sinnlich: Bei der Beschreibung einer Vision muss etwas in unseren Gefühlen ausgelöst werden. Besonders bei Widerständen spielt dieser emotionale Faktor eine große Rolle.

Grundelement: Visionen wollen gehört, gerochen, geschmeckt, gefühlt, gesehen - mit anderen Worten: erlebt werden.

Positiv: Es geht um die Frage: „Wofür wollen wir uns einsetzen?" Eine „So-darf-es-auf-keinen-Fall-werden-Vision" motiviert nicht. Sie hilft nicht, nach vorne zu denken. Sie entwertet das Alte und bleibt zugleich am Alten orientiert.

Grundansatz: Wir sind nicht gegen etwas, sondern für etwas!

Integrierend: Eine Vision sollte so gestaltet sein, dass sich möglichst viele mit ihren Gedanken, Ideen und Sehnsüchten in dieser Vision wiederfinden und sie so zu ihrer eigenen Vision machen können.

Grundgefühl: Das ist unsere Vision!

Treffend: Möglichst sichtbar vor Augen malen: Was sehen wir, das in der Zukunft entstehen soll.

Aufgabe: Konkrete Bilder vor Augen malen, wie es sein wird, wenn wir diese Vision erreicht haben.

Zeitlich bestimmt: Es muss klar sein, in welchem Zeitraum die Vision erreicht werden soll, z.B.: „In 5 Jahren sieht unsere Arbeit wie folgt aus ...."

Frage: Wann wird diese Vision Wirklichkeit sein?

Eigenständig erreichbar: Diese Vision muss mit den Möglichkeiten derer, die diese Vision entwickelt haben, erreichbar sein. Hierin unterscheiden sich Visionen von Träumen und Wünschen.

Kriterium: Welche Faktoren lassen sich trotz eigenen Bemühens nicht verändern?

Die letzten zwei Kriterien unterscheiden Visionen von Träumen. Träume brauchen keine Rückbindung an die Realität. Sie sind abgehoben und stehen für sich. Sie können aber zum Nährboden werden, aus dem sich Visionen entwickeln.

Als theologische Leitlinien für Visionen können die Bibelstellen und Texte im Material für die Teilnehmenden eine Hilfe sein.

1 Lerninhalte

Hilfe für die Entwicklung von Visionen

Wir stellen uns vor, wie es sein wird:
Wir schließen die Augen und stellen uns möglichst konkret vor, wie die Zukunft aussehen wird. Wir lassen das innere Bild auf uns wirken und beschreiben dann, was wir sehen.

Ein solches Sehen ist nicht selbstverständlich. Nicht alle haben diese Begabung. Manchen fällt es sehr schwer. Das ist ganz normal, denn wir sind unterschiedlich begabt. Nicht alle können sich in gleichem Maße die Zukunft vorstellen.

Wir erzählen, was wir sehen:
Die, die etwas sehen können, sollten darum die Zukunft genau beschreiben.

Es gilt: Je konkreter die Zukunft vor Augen gemalt wird, desto einfacher ist es, andere in die Zukunftsvision mit hineinzunehmen.

Wir erleben gemeinsam diese Vision:
Visionen sind mehr als die Vermittlung von Informationen. Es motiviert, an Orte zu fahren, wo diese Vision schon erlebt werden kann. Gefühle wie „das wollen wir auch haben, können, anbieten" gewinnen Raum und überwinden Ängste.

Es gilt: Erleben weckt Sehnsucht nach neuen Ufern.

Wir erinnern uns an unsere Visionen:
Es lohnt sich, solche Orte und Veranstaltungen immer wieder zu besuchen, auch dann, wenn eine gemeinsame Vision schon gefunden ist. Solche Erlebnisse helfen, den eigenen „Visionstank" immer wieder zu füllen.

Es gilt: Visionen müssen immer wieder aufgefrischt werden, damit sie im Alltagsgeschäft nicht verblassen.

Dabei können folgende Fragen helfen: [6]

1. Was haben wir dort entdeckt, was wir auch haben?

2. Was haben wir dort entdeckt, was wir einmal hatten, nicht mehr haben, aber gerne wieder hätten?

3. Was haben wir dort entdeckt, was wir nicht haben, aber gerne hätten?

4. Was haben wir dort entdeckt, was wir nicht haben, aber auch nicht haben wollen?

B   Projekte entwickeln

Die Situation untersuchen

Von der gewonnenen Vision her wird nun die Situation untersucht.

1 Lerninhalte

Die vier Fragen zur Situation

Was sind im Hinblick auf das Erreichen unserer Vision ...[7]

1. ... unsere Stärken?

Es geht um unsere Fähigkeiten, Begabungen, Kenntnisse, auf die wir unmittelbar zurückgreifen können.

2. ... unsere Schwächen?

Es geht um unsere Begrenzungen in unseren Fähigkeiten, Begabungen und Rahmenbedingungen, auf die wir unmittelbar Einfluss haben und auf die wir stoßen, wenn wir etwas in dieser Richtung beginnen wollen.

Hierzu gehören begrenzte zeitliche Kapazitäten oder fehlende organisatorische Kenntnisse.

3. ... unsere äußeren Chancen?

Es geht um Gegebenheiten, auf die wir nicht unmittelbar Einfluss haben, die uns aber in unseren Aktivitäten begünstigen werden. Hierzu gehören z.B. angemessene Räumlichkeiten.

4. ... unsere äußeren Hindernisse?

Es geht um die Gegebenheiten, auf die wir nicht unmittelbar Einfluss haben, die uns aber in unseren Aktivitäten behindern werden.

1 Lerninhalte

Ziele bestimmen und Strategien entwickeln

Zitat

„Nachdem wir das Ziel endgültig aus den Augen verloren hatten, verdoppelten wir unsere Anstrengungen." (Mark Twain)

Die Situation

Oft suchen wir zu schnell Lösungen. Die Folge sind Missverständnisse und Frust. Es gibt keine klare gemeinsame Überzeugung. Das Ergebnis wird unterschiedlich gedeutet. Es kommt zur Vermischung von

- Wünschen – Bedürfnis nach Veränderung der Situation
- Träumen – unrealistische Zukunftsbilder
- Visionen – konkrete realistische Zukunftsbilder
- Zielen – Vorstellung konkreter Ergebnisse
- Strategien – konkrete Vorgehensweise, um ein Ergebnis zu erzielen

Bild

Brückenbau dritter Teil – Die Brückenkonstruktion beachten

Auf dem Weg von der Situation zur Vision sind die Ziele die Brückenpfeiler, auf denen die Brückenteile der Strategien liegen.
Ohne die Brückenpfeiler der Ziele verlieren die Strategien ihren Halt und werden zu unkonkreten Absichtserklärungen.
Ohne die Brückenstücke der Strategie verkommen die Ziele zu bloßen Wünschen.

Ziel

Ein Ziel nach bestimmten Kriterien formulieren und entsprechende Strategien entwickeln.

Mit den Zielen beginnen

Bevor wir überlegen, wie wir uns auf den Weg machen wollen, muss klar sein, wohin wir uns aufmachen. Die Ziele geben die konkreten Etappen an auf dem Weg zur Vision. Im Bild gesprochen: Bevor wir die Brückenstücke aneinander legen können, müssen die Pfeiler stehen, die diese tragen sollen.

Die Vision vor Augen haben

Von der Vision und der Situation her gilt es, sich konkrete Ziele zu setzen, die helfen, die Vision zu erreichen. Im Bild gesprochen: Damit wir am Ufer der Vision auch ankommen, müssen wir die einzelnen Brückenpfeiler zwischen dem Ufer der Situation und dem Ufer der Vision benennen.

B   Projekte entwickeln

Klare Ziele formulieren

Klare Ziele

- helfen einen Teamgeist zu entwickeln,
- begrenzen die zu erledigende Aufgabe im Umfang
- und steigern so die Motivation der Beteiligten.

Ein klares Ziel muss hierbei den SMART-Kriterien entsprechen.

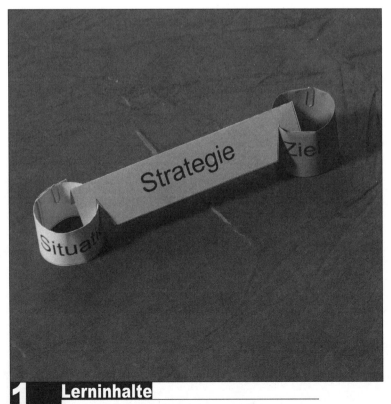

Spezifisch:
1. Kann das Ziel klar beschrieben werden?
2. Wie sieht die Situation nach dem Erreichen des Ziels aus?

Messbar:
1. Woran wird das Erreichen des Ziels sichtbar?
2. Gibt es ein klar messbares Vorher und ein Nachher?

Attraktiv:
1. Setzt dieses Ziel bei uns Kräfte frei?
2. Ist das Ziel so motivierend, dass es auch bei auftretendem Widerstand nicht aus den Augen verloren wird?

Realistisch:
1. Können wir das gesetzte Ziel eigenständig erreichen?
2. Gibt es entsprechende Begabungen, Fähigkeiten (notwendige Fachkenntnisse) und Rahmenbedingungen (z.B. Zeit, das Ziel entsprechend zu verfolgen und Handlungsautorität) und Mittel, um dieses Ziel zu erreichen?

Terminiert:
1. Bis wann wollen wir dieses Ziel erreichen?
2. Gibt es einen genauen Zeitpunkt, bis wann das Ziel erreicht werden soll?

Lerninhalte

Entwickeln einer Strategie
Ideensammlung für Strategien

Ausgangspunkt bilden die Ergebnisse der Situationsuntersuchungen.

Sie werden nun unter folgenden Fragen miteinander in Beziehung gebracht:

1. Wie können wir mit unseren Stärken den inneren Schwächen entgegenwirken, um das Ziel zu erreichen?
2. Wie können wir mit unseren äußeren Chancen den äußeren Hindernissen entgegenwirken?
3. Wie können wir mit unseren Stärken die äußeren Chancen nutzen?

Die auf diese Weise ermittelten Antworten ergeben mögliche Strategien.

Gewichten und Entscheiden

Im Folgenden werden nun die Strategien gewichtet. Dabei können folgende Fragen helfen:

1. Welche Strategie erscheint uns am meisten Erfolg versprechend?
   (Methode: Abstimmen mit Punkten oder Handzeichen)
2. Welche Leute würden gerne bei der konkreten Umsetzung welcher Strategie mitarbeiten?
   (Wer die Arbeit macht, sollte Mitspracherecht bzw. ein Vetorecht haben bezüglich der Entscheidung, welcher Strategie man folgen will.)

Festhalten der Ergebnisse (Die 4 W-Fragen)

1. Auflisten der Strategien, auf die man sich einigt.
2. Zuständigkeit klären: Wer macht was bis wann mit wem?

   (Beides protokollarisch festhalten)

1 Lerninhalte

Biblische Beobachtungen zur Projektentwicklung
Das Jitro-Prinzip: Gedanken zu 2. Mose 18, 1 – 27

Einführung

Schon im Alten Testament gibt es Berichte, in denen von Situationen die Rede ist, die im Grunde Projektentwicklungen darstellen. Unsere Erkenntnisse sind also keineswegs neu: In angewandter Form tauchen sie schon in der Bibel auf, etwa in 2. Mose 18.

V. 1 +5 + 7 – 8: Jitro, der Priester von Midian, der Schwiegervater von Mose, erfuhr, was Gott alles für Mose und für sein Volk Israel getan und dass er die Israeliten aus Ägypten herausgeführt hatte. (...) Moses Schwiegervater kam also mit den Familienangehörigen Moses zu ihm an den Lagerplatz in der Wüste, zum Gottesberg. (...) Nachdem sie einander begrüßt hatten, gingen sie in Moses Zelt. Mose berichtete seinem Schwiegervater, was der Herr alles gegen den Pharao und die Ägypter getan hatte, um das Volk Israel zu befreien, und wie er sie unterwegs in allen Nöten und Gefahren beschützt hatte.

1. Die Begegnung unter der Fürsorge Gottes feiern

V. 9 – 10 Jitro freute sich, dass der Herr den Israeliten so viel Gutes erwiesen hatte (...) Dann opferte Jitro Gott Tiere als Brand- und Mahlopfer (...)

Jitro nimmt das Gute wahr und freut sich, dass Gott durch Mose gehandelt hat. Er, der Priester aus Midian, gönnt Mose von ganzem Herzen seinen Erfolg. Von Konkurrenzdenken ist hier nichts zu spüren. Jitro konzentriert sich auf Gott. Um ihn geht es. Von ihm kommt alles her, er ist der Herr über alles und hält es in seiner Hand. Diese Sicht bewahrt Jitro vor eigener Selbstüberschätzung und Neid.

V. 12 (...) und Aaron und alle Ältesten Israels kamen dazu und hielten mit ihm das Opfermahl vor Gott.

Der Blick auf Gottes Handeln verbindet Menschen miteinander

Jitros „Gotteskonzentrierung" verbindet Mose mit Jitro und beide mit Aaron und den Ältesten. Es fällt auf, dass Aaron und die Ältesten erst jetzt in den Blick kommen. Das kann zufällig sein. Vielleicht hatte Mose aber auch den Kontakt zu seinem Team über all seiner Arbeit verloren.

2. Die Situation wahrnehmen

V. 13 – 14 Am nächsten Tag setzte sich Mose hin, um in Streitfällen Recht zu sprechen. Die Leute drängten sich vor ihm vom Morgen bis zum Abend. Als sein Schwiegervater sah, wie viel Arbeit Mose damit hatte (...)

Die augenblickliche Situation ansehen

Bevor Jitro einen Rat gibt, sieht er Mose einen ganzen Tag bei seiner Arbeit zu. Wer anderen raten will, muss die Situation genau kennen.

V. 14 – 15 (Da) fragte Jitro ihn: »Was machst du dir da für eine Mühe? Die Leute drängen sich vor dir vom Morgen bis zum Abend. Musst du das alles alleine tun?« Mose sagte: »Was soll ich machen? Sie wollen eine Entscheidung von Gott haben!«

Den Blick für Veränderungen öffnen

Jitro fragt, bevor er rät. So bekommt Jitro darüber Klarheit, wie Mose die Situation sieht. Zugleich hilft er Mose, die eigene Situation wahrzunehmen und für sich zu deuten.

V. 17 – 20 Sein Schwiegervater erwiderte: »Du musst das anders anfassen. Es ist einfach zu viel für dich; du kannst nicht alles alleine tun. Du reibst dich sonst noch auf, und auch für die Leute ist es viel zu anstrengend. Pass auf, was ich dir rate – Gott möge seinen Segen dazu geben! Deine Aufgabe soll es sein, in schwierigen Rechtsfällen die Entscheidung Gottes einzuholen. Du sollst ihnen auch die Gebote und Anordnungen Gottes erklären und ihnen sagen, welche Regeln für das Zusammenleben des Volkes gelten sollen.

An Auftrag und Vision erinnern

Jitro sagt ehrlich und klar, wie er die Dinge sieht. Dabei trennt er deutlich Arbeitsweise und Person voneinander. Moses Problem ist uralt: Wer viel kann, kann oft nicht loslassen und wer viel macht, macht schnell zu viel.

Jitro führt Mose seinen Auftrag vor Augen. Er soll schwierige Rechtsfälle lösen. Und er ermahnt ihn, an Gottes Vision für sein Leben festzuhalten. Er, Mose, soll der Vermittler zwischen Gott und seinem Volk sein.

1 Lerninhalte

3. Einen neuen Weg aufzeigen

V. 21 – 22 Für die leichteren Streitfälle aber wählst du angesehene Männer aus, die nach Gottes Geboten leben, zuverlässig und unbestechlich sind. Setze sie ein als Verantwortliche für jeweils tausend, hundert, fünfzig und zehn. Sie sollen dem Volk jederzeit als Schiedsleute zur Verfügung stehen und die gewöhnlichen Rechtsfälle entscheiden; nur mit den schwierigeren Fällen kommen sie zu dir. Mach dir die Last leichter, laß sie daran mittragen!

Von der Situation her Ziele formulieren und eine Strategie entwickeln

Jitro weist Mose auf die Chancen in seiner Situation hin: Es gibt fähige und angesehene Männer. Er zeigt ihm ein konkretes Ziel auf: Bildung eines Teams zu seiner Entlastung. Über die Strategie eines Auswahlverfahrens könnte Mose sein Ziel erreichen.

V. 23 Wenn Gott damit einverstanden ist und du so verfährst, wirst du unter der Last deines Amtes nicht zusammenbrechen und die Leute werden immer zufrieden nach Hause gehen.«

Den Gewinn für alle Beteiligten vor Augen führen

Jitro zeigt den Gewinn auf. Moses Gesundheit und die Zufriedenheit der Betroffenen sind attraktive Gewinne, die Mut machen können, das Risiko einzugehen und die Nachteile eines solchen Projekts (er ist nicht mehr allein der gefragte Ratgeber) in Kauf zu nehmen.

4. Ein kleiner, aber wichtiger Nachtrag

V. 24 Mose nahm den Rat seines Schwiegervaters an und handelte danach.

Mose – ein Führender, der sich führen lässt

Er ist einer, der sich hinterfragen lässt. Einer, der weiß, dass er trotz vieler Erkenntnisse ein Lernender bleibt. Die Bibel nennt das Demut: Den Mut zu haben, der zu sein, der man ist. Nicht mehr, aber auch nicht weniger. Einem solch demütigen Menschen vertraut man sich gerne an.

V. 27 Darauf verabschiedete Mose seinen Schwiegervater und Jitro kehrte wieder in sein Land zurück.

Jitro – ein Coach, ein Begleiter für eine begrenzte Zeit

Er weiß, dass für den Erfolg des Lernens nötig ist, dass der Lernende seinen eigenen Weg findet. An diesem Punkt zeigt sich, ob die Ratgebenden helfen oder herrschen wollen. Die Helfenden lassen los und gehen. Die Herrscher bleiben und suchen hinter dem Rat die Macht über die anderen.

Der Bibeltext ist der Guten Nachricht entnommen.

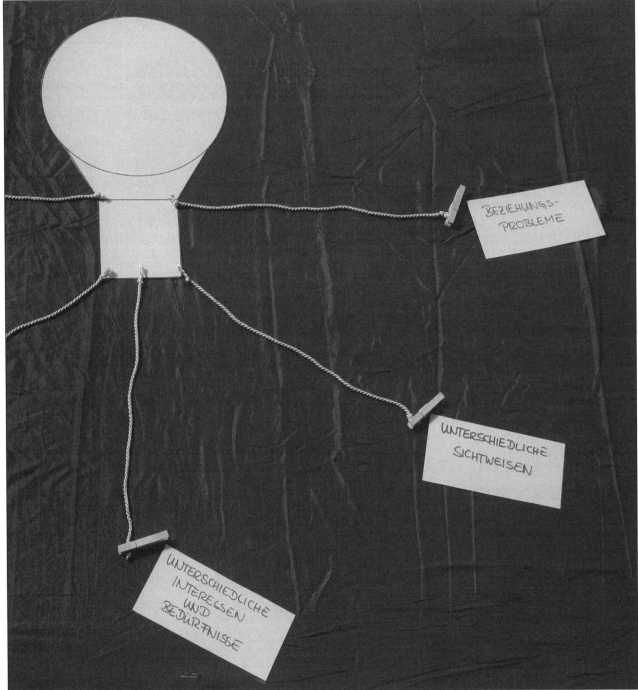

1 Lerninhalte

Umgang mit Widerständen – „Ein Projekt zum Fliegen bringen!"

Zitat

„Nichts auf der Welt ist so mächtig wie eine Idee, deren Zeit gekommen ist." (Victor Hugo)

Ziel

Widerstände in positive Energie umwandeln.

Problem

Wenn uns bei der Vorstellung unserer Ideen und Pläne Widerstände begegnen, können wir unterschiedlich reagieren. Vier typische Verhaltensmuster sind:

- Wir versuchen die Widerstände zu ignorieren.
- Wir versuchen ihnen direkt mit guten Argumenten zu begegnen.
- Wir versuchen unsere Ziele mit Gewalt durchzusetzen.
- Wir ziehen uns zurück und geben unsere Pläne auf.

Je nach Persönlichkeit und Situation bevorzugen wir oft den einen oder anderen Schritt. Manchmal folgen wir auch den Schritten in der angezeigten Reihenfolge. Der Nachteil bei diesen und ähnlichen Vorgehensweisen ist, dass wir die Widerstände als hemmende Energie wahrnehmen.

Statt sie für unsere Pläne als wertvolle Ergänzungen zu nutzen, blockieren wir sie und versuchen sie zur Seite zu drücken oder versuchen ihnen auszuweichen.

Bild

Einen Ballon zum Fliegen bringen!

Stellen wir uns einen Heißluftballon vor, der mit Stricken am Boden befestigt ist. Wollen wir, dass der Ballon zu seiner Fahrt abhebt, reicht es nicht aus, alle Energie darauf zu verwenden, die Luft zu erwärmen.

Wenn wir wollen, dass er fliegt, müssen wir die Stricke lösen. Erst dann ist es sinnvoll, unsere Energie auf das Erwärmen der Luft zu konzentrieren.

C   Veränderungsprozesse in Gang bringen

Widerstände ernst nehmen

Ähnlich verhält es sich bei Widerständen. Werden die Widerstände nicht wahrgenommen und gewürdigt, können die Bedenkenträger unsere Argumente für das Projekt nicht oder kaum hören. Sie sind innerlich blockiert. Wenn wir wollen, dass sich unsere Argumente entfalten können, müssen wir die Widerstände wahrnehmen, die das Projekt am Boden halten.

Ursachen von Widerständen wahrnehmen

Gerade die unsichtbaren Faktoren spielen in einer Klärungsphase bei Widerständen eine wichtige Rolle. Daher gilt es, den sicht- und spürbaren Widerständen viel Aufmerksamkeit zu schenken, um überhaupt auf die verborgenen Widerstände schließen zu können. Denn sie halten letztlich „den Heißluftballon" am Boden.

Folgende Faktoren können Widerständen zugrunde liegen:[8]

1. Faktor: Unterschiedlicher Informationsstand

Während der Vorstellung von Projekten werden immer wieder Informationen vorausgesetzt, die nicht allen bekannt und/oder gerade vor Augen sind. Darum gilt es, sich immer wieder zu vergewissern, ob alle Teilnehmenden auf einem guten Informationsstand sind.

Klärungsfrage während der Vorstellungs- und Diskussionsphase:
Haben Sie alle die Situation vor Augen, die den Hintergrund unserer Diskussion bildet?

2. Faktor: Kommunikationsprobleme

Worte werden missverstanden oder führen zu inneren Blockaden.

Dem Argumentationsgang kann nicht mehr gefolgt werden. Wo immer wir solche Blockaden spüren, lohnt es sich, die Diskussion zu unterbrechen und Raum zu geben, um Widerstände zu äußern. Es gilt: Störungen haben Vorrang!

Klärungsfrage während der Vorstellungs- und Diskussionsphase:
Wo haben Sie konkrete Fragen oder Anfragen zu Begriffen oder Argumentationen?

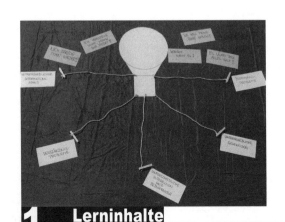

1 Lerninhalte

3. Faktor: Unterschiedliche Interessen und Bedürfnisse

Neue Gedanken wecken die Angst, dass die eigenen Anliegen (Projekte oder Gefühle) zur Seite gedrängt werden. Die Vortragenden sollten darum immer wieder Raum geben, diese Gedanken und Gefühle zu benennen. Ängste und Befürchtungen, die ausgesprochen werden, verlieren an Macht. Darum gilt es, diese Gefühle wahrzunehmen und zu würdigen und nicht sofort durch Gegenargumente klein zu reden. Zuhören und vorsichtiges Hinweisen auf eine andere Blickrichtung müssen sich hier die Waage halten.

Klärungsfrage in der Vorstellungs- und Diskussionsphase:
Was lösen diese Gedanken bei Ihnen aus?

4. Faktor: Unterschiedliche Sichtweisen

Aufgrund von Persönlichkeitsstruktur, Bezug zum Arbeitsbereich und Prioritätensetzung (Werte) ergeben sich aus der Untersuchung des Problems verschiedene Schlüsse. Die sich daraus ergebenden unterschiedlichen Argumente sollten wir bewusst als Bereicherung wahrnehmen und fördern.

Sie verhelfen zu einem umfassenden Bild. Außerdem gilt: Wer sich mit der eigenen Sicht ernst genommen fühlt, kann auch die Sicht anderer leichter stehen lassen.

Klärungsfrage in der Vorstellungs- und Diskussionsphase:
Welche Gedanken, Fragen, Konsequenzen sollten wir mit im Blick haben?

5. Faktor: Beziehungsprobleme

Manche Argumente werden abgelehnt, weil sie von bestimmten Personen vorgetragen werden. Hilfreich kann darum bei projektbezogenen Teambildungen sein, „Vertrauenspersonen" der Widerständler zu integriert. Eine andere Möglichkeit besteht darin, bestimmte Schritte in der Konzeption durch eine gemeinsame Erarbeitungsphase zu entwickeln. (Beispiel: Vor der Vorstellung der eigenen Antwort wird in Dreiergruppen ausgetauscht, was den Teilnehmenden als Lösungsweg einfällt. Anschließend werden die Ergebnisse im Plenum vorgetragen. Erst dann wird die eigene Antwort vorgestellt. Dabei wird auf bereits gemeinsam Entdecktes hingewiesen. Akzente aus der Erarbeitungsphase werden schon bei der Vorstellung so weit wie möglich integriert. Neue eigene Akzente werden behutsam und ausführlich eingeführt.)

Klärungsfrage in der Vorbereitung der Vorstellungs- und Diskussionsphase:
Wie können wir die Entscheidungsträger und -trägerinnen an der Entwicklung des Konzeptes beteiligen?

Wichtig: Die unterschiedlichen Faktoren werden im Prozess der Meinungsbildung immer wieder auftauchen. Sie sind sozusagen treue Begleiter auf dem Weg der Entscheidungsfindung. Es gilt, sie als Chance zu begreifen. Sie geben der entwickelten Konzeption die nötige Bodenhaftung.

Die vier Phasen im Umgang mit Widerständen

Die Vorstellung und Diskussion von neuen Projekten und Ideen kann in vier Phasen unterteilt werden. Sie sind nicht statisch zu verstehen, sondern gehen ineinander über.

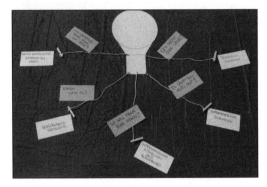

1. Phase: Widerständen Zeit geben

Oft bauen sich bei der Vorstellung eines Projekts emotionale Hindernisse auf, die es den Zuhörenden nicht mehr ermöglichen, die Begründung überhaupt wahrzunehmen.

Tipp: Besonders nach der ersten Vorstellung einer Idee sollten wir Raum geben, Widerstände zu äußern. Dabei gilt die Regel: Widerstände werden zunächst gehört und nicht kommentiert.

Fragen: 1. Welche Widerstände gibt es?

2. Wie viele der Teilnehmenden unterstützen diese Widerstände?

2. Phase: Widerstände als Wegweiser ernst nehmen

Widerstände machen deutlich, dass wir alle nur einen Teil der Wahrheit kennen. Es ist gut, eine gesunde Distanz zu den eigenen Plänen zu behalten. Die Erfahrung zeigt, dass nichts so mächtig ist wie eine Idee, deren Zeit gekommen ist. Aber vielleicht ist diese Zeit noch nicht reif.

Tipp: Eine Pause in der Beratung ist hier sinnvoll. Sie ermöglicht noch einmal aus dem Abstand heraus über das Gehörte nachzudenken. Es ist hilfreich die Phasen 1 und 2 auf zwei verschiedene Sitzungen zu verteilen.

Fragen: 1. Welche Widerstände lassen sich ausräumen?

2. Welche Widerstände bleiben bestehen?

3. Ist diese Idee/Konzeption wirklich gut und kommt sie zum richtigen Zeitpunkt?

Lerninhalte

3. Phase: Widerstände begrüßen

Widerstände geben den eigenen Ideen Bodenhaftung.

Wie das Schwert ein Segelbootes daran hindert, im Wind zu kentern, bewahren die Widerstände Pläne davor, zu unbedacht in die Realität zu starten.

Tipp: Im weiteren Verlauf der Diskussion sollten wir immer wieder überlegen, inwieweit Widerstände das Konzept verbessern.

Fragen: 1. Was können wir aus den Widerständen lernen?

2. Was müssen wir an der Idee/Konzeption ändern?

3. Was müssen wir an der Idee/Konzeption fallen lassen?

4. Phase: Widerstände durch Kompromisse integrieren

Bei unterschiedlichen Positionen ist es wichtig, dass am Ende alle gewinnen.

Ziel ist es, eine „win-win-Situation" zu schaffen. Gibt es nach einer Entscheidung Gewinner und Verlierer, so gilt: „Gewinner brauchen keinen Frieden und Verlierer geben keinen Frieden." Für die weitere Zusammenarbeit sind auf diese Weise Konflikte vorprogrammiert. Eine „win-win-Situation" erreichen wir durch Kompromisse. Folgendes ironische Zitat von Henry Kissinger kann hier entkrampfend wirken: „Ein Kompromiss ist eine Vereinbarung zwischen zwei Parteien, mit der beide gleich unzufrieden sind."

Tipp: Gemeinsam wird beraten, welche Widerstände überwunden werden können und welche nicht. Nach dem Motto: „Es gibt immer auch gute Gründe, gegen etwas zu sein." Diese gilt es zu achten und nicht einfach klein zu reden. Das Ziel kann nicht sein, dass alle alles bejahen, sondern dass alle das Konzept oder die Idee mittragen. Die Ergebnisse sollten schriftlich festgehalten werden. Das gibt Klarheit und Sicherheit.

Fragen: 1. Wie können wir die Gefühle hinter den Widerständen aufnehmen?

2. In welcher Weise können wir bei dem Projekt anderen entgegenkommen? (Ist z.B. eine Probephase möglich? Ist eine zeitliche und räumliche Begrenzung möglich?)

3. Können wir Bedenkenträger in unser Team integrieren?

4. Wie kann es gelingen, dass die Widerständler ihr Gesicht behalten?

5. Welche Widerstände müssen wir als Anfrage stehen lassen?

1 Lerninhalte

Aufbrüche wagen – das Glockenkurvenprinzip

Zitat

„Wenn wir das, was wir tun, so tun, wie es die Alten getan haben, tun wir es eben nicht so, wie die Alten es getan haben." (Verfasser unbekannt)

Problem

Wenn wir alles beim Alten lassen, bewahren wir das Alte nicht, sondern werden von den sich ändernden Verhältnissen überrollt. Das gilt für jede Gemeinschaft, Gruppe und jeden Kreis . Wenn wir heute das Gleiche in einer anderen Situation machen, dann bleiben wir zwar der Arbeitsweise treu, aber nicht den Beweggründen, aus denen heraus die „Gründer" diese Arbeit gemacht haben.

Bild

Kinderschuhe in einer bestimmten Größe sind für ein Kind mit dieser Schuhgröße genau richtig. Sie schützen die Füße und lassen Raum zum Wachsen.

Wenn die Füße aber zu viel wachsen, fangen die Schuhe an zu drücken. Neue Schuhe werden gebraucht, auch wenn solch ein Kauf oft mühsam und kostspielig ist. Versäumen wir den Schuhwechsel, kommt es an den Füßen zu Wachstumsschäden. Natürlich können wir die alten, bewährten Schuhe auch aufschneiden, damit die Füße weiter wachsen können. Damit verlieren diese Schuhe aber einen wesentlichen Zweck, nämlich die Füße zu schützen. Veränderte Füße brauchen neue Schuhe!

Ziel

Den eigenen Entwicklungsstand der Gruppe wahrnehmen und Chancen für Veränderungen entdecken.

C   Veränderungsprozesse in Gang bringen

Mut zu Veränderungen

Veränderungen sind nötig, um uns veränderten Bedingungen anzupassen.

Darum ist es gut, in regelmäßigen Abständen zu fragen:

1. Warum haben die Gründer und Gründerinnen diese Arbeit damals so begonnen? Wie war die Situation? Auf welche Möglichkeiten konnten sie zurückgreifen?

2. Was hat sich seitdem verändert?

3. Wie würden die Gründer und Gründerinnen heute diese Arbeit machen, wenn sie diese neu erfinden müssten?

1 Lerninhalte

Veränderungen bedeuten nicht, dass das Alte schlecht war

Wenn jemand Veränderungen für einen Bereich vorschlägt, löst das Widerspruch aus. Wir vermuten dahinter schnell den Vorwurf: „Das, was du machst, ist schlecht, darum müssen wir es ändern." So ist es kein Wunder, dass wir uns dagegen auflehnen. Aber dieses Denken ist falsch. Oft ist sogar das Gegenteil der Fall. Weil etwas gut gelaufen ist, hat sich die Situation verändert und so muss sich nun auch die Arbeitsweise ändern. Immer wieder ist es wichtig, sich Folgendes klar zu machen:

Veränderungen sind *nicht nötig*, weil etwas schlecht gelaufen ist. Veränderungen sind *nötig*, weil sich die Umstände immer wieder verändern.

Wann ist der richtige Zeitpunkt für Veränderungen?

Manchmal sind Veränderungen ganz einfach durchzuführen. Manchmal gelingt es auch überhaupt nicht. Dies hängt nicht nur an unserer Person oder der Art und Weise, wie wir Veränderungen durchführen. Es hängt auch an der Gruppensituation. Beobachtungen haben gezeigt, dass jede Gruppe im Laufe der Zeit verschiedene Entwicklungsstufen durchläuft. Jede Phase hat ihre besonderen Kennzeichen. Veränderungen sind in manchen Phasen besonders einfach und in anderen fast unmöglich.

C   Veränderungsprozesse in Gang bringen

Entwicklungsstufen einer Gemeinschaft

Man kann die Entwicklung einer Gemeinschaft soziologisch in 5 Phasen aufteilen.[9]

Die hier aufgezeigten Phasen beziehen sich dabei nicht auf die inhaltliche Qualität der geleisteten Arbeit einer Gemeinschaft.

Geburt: Alles ist in Bewegung

Die ganze Konzentration gilt der augenblicklichen Situation. Es gibt viel Raum zum Ausprobieren. Fehler werden als Chance gesehen.
Das Grundgefühl ist: Begeisterung; „erste Liebe" zu einem Projekt; „Nichts ist unmöglich!"; „Lasst uns das Unmögliche wagen!"

Grundfrage: Was ist jetzt dran?

Frühe Anfänge: Strukturen und Grundideen sind beweglich

Inhaltliche und strukturelle Grundsätze werden entwickelt und in der Praxis erprobt. Was sich nicht bewährt, wird fallengelassen. Widerstände und Kritik werden als Hilfe und Chance zur Verbesserung gesehen.
Das Grundgefühl ist: Veränderung tut uns gut.

Grundfrage: Wie können wir das, was wir tun, noch besser machen?

Reifezeit: Erreichtes wird bewahrt

Von den Grundsätzen aus wird die aktuelle Situation beurteilt.
Das Grundgefühl sagt: Es läuft richtig gut.

Grundfrage: Wie können wir das Gute sichern?

Konservierung: Tradition ist wichtiger als Anfragen der Situation

Die Tradition wird zum Ausleger der Grundsätze. Die Umsetzungsmodelle der Vergangenheit legen fest, wie die Grundsätze heute zu verstehen sind. Neues wird kritisch gesehen und als Kritik an der geleisteten Arbeit, als Bedrohung des Erreichten bzw. als Ablehnung des Bestehenden empfunden.
Das Grundgefühl ist: Wir brauchen Sicherheit für unsere Arbeit.

Grundfrage: Warum ist jetzt plötzlich das Alte schlecht?

Erstarrung: Tradition ist alles

Die Tradition hat die Grundsätze ersetzt. Es gibt keinen „Kontakt" mehr zur augenblicklichen Situation. Das, was getan wird, wird nicht mehr hinterfragt, egal wie die Resonanz darauf aussieht. Die Kritik ist verstummt oder wird als persönlicher Angriff wahrgenommen.
Das Grundgefühl ist: Das haben wir immer schon so gemacht!

Es gibt keine Frage mehr!

1 Lerninhalte

Veränderungsbereitschaft in den einzelnen Phasen

Sehr gute Vorraussetzungen für Veränderungen finden sich **in den frühen Anfängen**. Hier ist eine Sehnsucht nach Veränderungen zu spüren. Man ist offen für Neues.

Problem: Einige wünschen sich endlich Ruhe und Beständigkeit.

Für die **Reifezeit** spricht, dass hier die Unruhe des Aufbruches überwunden ist, aber die Orientierung an der Vergangenheit noch nicht ausgeprägt erscheint. Neues wird noch recht unbefangen wahrgenommen.

Problem: Aufbrüche sind hier schwer durchzusetzen. Der gegenwärtige Erfolg in der Arbeit wird zum Gegenargument: „Was habt Ihr denn, es läuft doch alles gut." Der Erfolg macht träge! Die Frage: „Wie können wir das Gute sichern?" lässt den Blick außerdem stärker in die Vergangenheit schweifen. Die Situation wird nur noch unscharf wahrgenommen.

In der **Gefrier-** und besonders in der **Erstarrungszeit** sind Veränderungen kaum möglich. Gruppen und Kreise, die diese Phasen erreicht haben, sollte man ihren Weg gehen lassen. Veränderungen einzuleiten, kostet sehr viel Kraft und der Weg ist meist von großen Verletzungen und Missverständnissen gezeichnet.

Besonders in der Anfangs- und Endzeit einer Gemeinschaft spielt die nichtverstandesmäßige (irrationale) Ebene eine sehr große Rolle. Entscheidungen werden in dieser Phase stärker von Gefühlen als von Sachargumenten geleitet. Bei der Geburt einer Gruppe setzen diese Gefühle große Kräfte frei, etwas Gewaltiges zu wagen. In der Gefrier- und Erstarrungszeit wecken Veränderungen Ängste, die es schwer machen, Argumente wahrzunehmen.

Wichtige Beobachtung

In einer Gemeinde gibt es unterschiedlichste Kreise, die sich in verschiedenen Phasen befinden. Auch die Aufbrüche finden nicht an allen Stellen gleichzeitig statt. Gut ist es, wenn Aufbrüche in den einzelnen Bereichen miteinander koordiniert werden und sich gegenseitig zu neuen Aufbrüchen verlocken. Es gilt: Kontinuität ohne Flexibilität führt zur Erstarrung. Flexibilität ohne Kontinuität führt zum Chaos.

2 Didaktische Grundrisse, Methoden, und Schaubilder

2
Didaktische Grundrisse, Methoden und Schaubilder

2 **Didaktische Grundrisse, Methoden, und Schaubilder**

Zur Moderation

Auf keinen Fall sollte „nur" der Leiter/die Leiterin die Einheiten durchführen. Kommt die Leitung der Einheiten aus dem eigenen Kreis, sollten zwei Personen sich diese teilen.

Besonders bei der Einheit „Zur Konfliktbewältigung" ist eine ergänzende Moderation durch eine außenstehende Person sinnvoll. So können die Inhalte und Impulse von einer Person aus dem Leitungsgremium kommen, die Gesprächsführung aber durch eine neutrale Person von außen geschehen. Diese kann darüber hinaus durch persönliche Beobachtungen zum Erarbeitungs- und Gesprächprozess hilfreiche Impulse geben.

Zum Umgang mit dem didaktischen Grundriss

Die Impulse der einzelnen didaktischen Grundrisse benennen die inhaltlichen Akzente der Einheit.

Die Zeiteinheiten orientieren sich an 10 Teilnehmenden. Bei Gesprächs- und Diskussionseinheiten wächst mit jeder weiteren Person der Zeitrahmen um etwa eine Minute.

Zum Einstieg in die Fortbildung

Für alle Einheiten bietet sich als Einstieg und Einstimmung die Einheit „Leiten lernen" an. Sie schafft Bewusstsein für die Notwendigkeit von Fortbildung und lässt Raum, eigene Bedenken zu formulieren und zu diskutieren.

Besteht die Möglichkeit einer ganztägigen Fortbildung, sollte mit dem ersten Themenblock begonnen werden.

2 Didaktische Grundrisse, Methoden, und Schaubilder

Leiten lernen als Chance und Verantwortung

Material
Flipchart – Edding

Andacht (am Anfang der Sitzung)
15 Minuten

1. Schritt:
Es ist alles da – aber noch nicht alles entfaltet

Impuls zum Inhalt vergleiche Seite 17

Zeitrahmen: 5 Minuten

2. Schritt:
Schätze wahrnehmen

Impuls zum Inhalt vergleiche Seite 18

    Ps. 139: Wir sind überreich beschenkt!

Manches „Saatkorn" ist schon aufgegangen! Dieser Schritt hilft, die Fortbildungseinheiten nicht als Kritik an der geschehenen Arbeit, sondern als Ergänzung für die eigene Arbeit wahrzunehmen.
Wird auf diesen Schritt aus Zeitgründen verzichtet, muss darauf geachtet werden, die augenblickliche Arbeit immer wieder in angemessener Weise wertzuschätzen.

- Frage: Was ist uns in unserer Arbeit in dem Jahr gelungen?

- Die erarbeiteten Stärken werden auf einer Flipchart festgehalten.

- Zum Abschluss wird Ps. 139, 13 – 14 gelesen:
  Deutung: Gott hat unserem Team viele Stärken gegeben.

Zeitrahmen: 10 Minuten

A   Leitung wahrnehmen

Fortbildungseinheit in der Sitzung
40 Minuten

1. Schritt:
Sehnsucht wecken

Die Teilnehmenden sollen die Defizite ihres Teams zukunftsorientiert wahrnehmen.

- Stellen wir uns vor, es käme eine Fee oder ein Zauberer in diesen Raum und würde uns fragen: Was fehlt Ihnen in Ihrem Team? Was würden Sie sich wünschen, damit Ihre Arbeit noch besser gelingen kann? (Stichworte, die helfen können, eigenen Wünschen auf die Spur zu kommen: Zusammenarbeit, Einmütigkeit, Sitzungslänge, Kompetenz, Entscheidungsfindung, Ausführung der Beschlüsse)

- Austausch im Plenum. Die Ergebnisse werden auf einer Flipchart notiert unter der Überschrift: Unsere Wünsche.

Zeitrahmen: 15 Minuten

2. Schritt:
Schulung als notwendige Chance wahrnehmen

Impuls zum Inhalt vergleiche Seite 18 – 19

- Wir haben eine Verantwortung: 1. Petr.2, 10
- Wir brauchen Fortbildung: „Es ist noch kein Meister vom Himmel gefallen!"
- Austausch über das Gehörte im Plenum

Zeitrahmen: 10 Minuten

3. Schritt:
Was hilft uns, uns auf diesen Weg einzulassen?

Impuls zum Inhalt vergleiche Seite 19 – 21

- Widerstände ernst nehmen: Fortbildung auf Zeit!
- Spielregeln klären, das heißt unter anderem: Ich darf fragen! – Ich muss nicht alles richtig beantworten! – Ich darf meine Meinung ändern!
- Erfahrungen auswerten: Wo wurden wir in unserer Arbeit bestätigt? – Was war für uns wenig hilfreich? – Wo sind wir in unserer Arbeit effektiver geworden? – Wo ist unser Horizont erweitert worden?
- Austausch über das Gehörte im Plenum
- Spielregeln werden den Teilnehmenden zum Lesen mitgegeben und am Anfang der nächsten Sitzung noch einmal gemeinsam durchgegangen.

Zeitrahmen: 15 Minuten

2 Didaktische Grundrisse, Methoden, und Schaubilder

Schaubild – Hirtenlos

Aufgrund unserer vielen nötigen und drängenden Verwaltungsaufgaben bleibt uns oft wenig Zeit zum Nachdenken, was Leitung noch bedeutet.

A   Leitung wahrnehmen

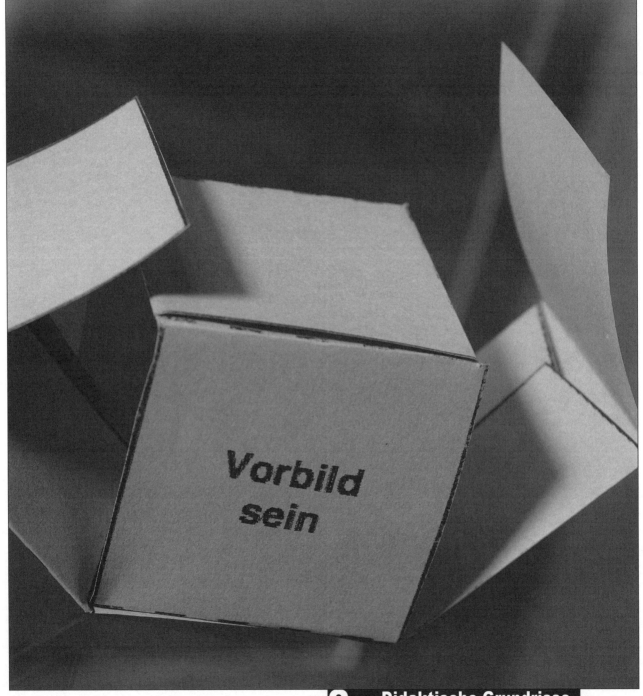

2 Didaktische Grundrisse, Methoden, und Schaubilder

Erwartungen als Arbeitsauftrag

Material für Teil 1 und 2
Hauswände (Vorlage, siehe Download) – Metaplankarten10 – Moderationswand – Stecknadeln/Kreppband – Eddings für alle Teilnehmenden – Flipchart – Eddings

1. Teil, Erwartungen
45 Minuten

1. Schritt:
Die Erwartungen

Impuls zum Inhalt vergleiche Seite 23 – 25

- Problem: Wir werden mit Erwartungen konfrontiert.
- Bild: Hauswände als Schutzraum
- Vier Grunderwartungen: Orientierung, Sicherheit, Fähigkeiten, Vorbild
- Vier Fragen: Wie nehmen die Menschen uns wahr?

Am Ende der einzelnen Elemente der Einheit (Problem, Grunderwartungen, Fragen) sollte Raum sein, um Widerspruch zu äußern. Zu diesem Zeitpunkt sollte aber eine ausführliche Diskussion vermieden werden. Alle kritischen Anmerkungen werden auf einer Flipchart festgehalten.

- Zusammenfassung verteilen
- Raum zur Diskussion

Zeitrahmen: 10 Minuten

2. Schritt:
Wie wir uns wahrnehmen
(Festhalten des Ist-Zustandes)

- In Einzelarbeit versuchen die Teilnehmenden zu den einzelnen Fragen je zwei Antworten zu formulieren. Die einzelnen Antworten werden auf gleichfarbigen Metaplankarten festgehalten. (7 Minuten)

- Zu zweit wird sich nun kurz ausgetauscht. Hierbei können folgende Fragen helfen: Wo gibt es Übereinstimmungen? – Was lässt sich zusammenfassen? – Wo gibt es Unterschiede?

  Bei manchen Äußerungen wird der Wunsch der Vater des Gedankens sein. Dennoch werden die Äußerungen nicht auf ihren Wahrheitsbezug hin diskutiert. Eine solche Diskussion verwirrt mehr, als dass sie hilft. Die Wahrnehmung der Wirklichkeit ist stets unterschiedlich. Es gibt nicht die absolut richtige Wahrnehmung. (8 Minuten)

- Im Plenum werden nun die Ergebnisse der Teams kurz vorgestellt, an einer Moderationswand angebracht und (anschließend) gemeinsam sortiert.

  Hierbei können folgende Fragen helfen: Wie lassen sich die Antworten anordnen? – Wo gibt es Mehrfach-Nennungen? – Was lässt sich zusammenfassen? (20 Minuten)

Zeitrahmen: 35 Minuten

2. Teil
Leitfaden zu den Erwartungen entwickeln
45 Minuten

1. Schritt:
Wie es sein sollte (Festhalten des Soll-Zustandes)

- In Gruppen von ca. fünf Personen wird in einem zweiten Schritt das Erarbeitete noch einmal unter folgenden Fragestellungen reflektiert:

  – Was gelingt uns schon?

  – Was sollten wir verstärken?

  – Was ist uns wichtig, aber kommt bei uns zurzeit nicht vor?

  – Wo ergeben sich für die Zukunft konkrete Arbeitsaufträge?

  Die Gedanken werden auf Metaplankarten festgehalten, die eine andere Farbe als im ersten Teil haben. (10 Minuten)

- Anschließend stellt jeweils eine Person aus den Kleingruppen die Ergebnisse vor. Während der Vorstellung werden die Metaplankarten zu den entsprechenden Fragen hinzugehängt und anschließend noch einmal gemeinsam sortiert. (20 Minuten)

Zeitrahmen: 30 Minuten

2. Schritt:
Bündelung der Ergebnisse

- Im Plenum wird nun mit Hilfe der Antworten aus dem ersten Schritt über die konkreten Aufgaben für die Zukunft nachgedacht.

- Die Ergebnisse werden an einer Flipchart festgehalten

Zeitrahmen: 15 Minuten

Wichtig: Die Schritte 1 und 2 bilden in sich jeweils eine Einheit und können auch getrennt durchgeführt werden.

3. Schritt:
Nachhaltige Ergebnissicherung

- Die Ergebnisse aus Schritt 2 werden protokollarisch festgehalten und in den „Leitfaden zu den Leitungserwartungen" aufgenommen.

- In regelmäßigen Abständen wird die eigene Arbeit anhand dieser Ergebnisse reflektiert. Hierbei können folgende Fragen helfen:

  – Inwieweit spiegeln diese Punkte unsere Arbeit wider?

  – Wie nehmen die Menschen uns wahr?

2 Didaktische Grundrisse, Methoden, und Schaubilder

Schaubild – Erwartungen als Arbeitsauftrag

Die vier Grunderwartungen

1. Wir sollen Orientierung geben!
2. Wir sollen Sicherheit vermitteln!
3. Wir sollen Fähigkeit besitzen!
4. Wir sollen Vorbilder sein!

Wie nehmen uns die Menschen wahr?

1. Wir sollen Orientierung geben!
   Fragen: **Wofür stehen wir?** Welche Werte, Grundlinien, Kernaussagen unserer Gemeinschaft vermitteln wir nach außen?
2. Wir sollen Sicherheit vermitteln!
   Fragen: **Wie erleben die Mitarbeitenden unsere Unterstützung in ihrer Arbeit?** Wie nehmen die Menschen wahr, dass wir sie mit ihren Fragen und Nöten ernst nehmen?
3. Wir sollen Fähigkeit besitzen!
   Fragen: **Wie drückt sich Qualität in unserer Arbeit aus?** Was können wir gut? Wie sorgen wir dafür, dass wir die nötigen Fähigkeiten entwickeln und/oder trainieren, um qualitativ hochwertig unser Leitungsamt auszuüben?
4. Wir sollen Vorbilder sein!
   Fragen: **Wie nehmen die Menschen uns wahr?** Wie leben wir das, was uns wichtig ist, in der Öffentlichkeit?

Fragen zu unserer Situation

Was gelingt uns schon?

Was sollten wir verstärken?

Was ist uns wichtig, aber kommt bei uns zurzeit nicht vor?

Wo ergeben sich für die Zukunft konkrete Arbeitsaufträge?

A   Leitung wahrnehmen

2 Didaktische Grundrisse, Methoden, und Schaubilder

Leitungsstile
entdecken, zuordnen, einsetzen

Material
Vier Flipchartbögen mit den vier Fragen –
Eddings – Anschauungsmaterial (Hauswände
und Dach; Vorlage siehe Download)

A   Leitung wahrnehmen

1. Teil
Leitungsstile
45 Minuten

1. Schritt:
Die unterschiedlichen Leitungsstile

Impuls zum Inhalt vergleiche Seite 27 – 29

- Problem: Unterschiedliche Positionen bedürfen unterschiedlicher Leitungsstile.

- Bild: Ein guter Leitungsstil ist wie ein Dach, das die Statik des Hauses verstärkt und den Menschen Schutz bietet.

- Leiten in vier Richtungen:
  Leiten nach unten – zur Seite – nach oben – nach innen

- Fragen zu den vier Leitungsebenen (aus der Sicht der anderen)

Zeitrahmen 15 Minuten

2. Schritt:
Beantwortung der Fragen

- Jede Frage zu den vier Leitungsebenen (aus der Sicht der anderen) wird auf einem Flipchartbogen notiert. Die Bögen werden nebeneinander aufgehängt.

- Im Plenum werden nun die Fragen gemeinsam beantwortet. Für jede Frage sollten ca. fünf Minuten im Vorfeld festgesetzt werden.
  Es sollte darauf geachtet werden, dass die Antworten in ganzen Sätzen aus der Sicht der Betroffenen formuliert werden.

- Die Antworten werden auf den entsprechenden Bögen festgehalten.

- Die Reihenfolge der Fragen sollte eingehalten werden.

Zeitrahmen: 30 Minuten

2 Didaktische Grundrisse, Methoden, und Schaubilder

2. Teil
Die Folgen für das Verhalten
45 Minuten

Material
Vier Flipchartbögen mit den vier Fragen aus dem Leitfaden für die Leitung – Eddings – Anschauungsmaterial (Hauswände und Dach; siehe Bastelanleitungen)

1. Schritt
Austausch: Folgen für das eigene Leitungsverhalten

Es wird nun der Frage nachgegangen, wie die gegebenen Antworten unser Leitungsverhalten prägen bzw. prägen können. Durch Sammeln, Austauschen und Bündeln der genannten Gedanken entsteht ein gemeinsamer Katalog von Leitungsrichtlinien.

- Die ausgefüllten Flipchartbögen von Teil 1 werden aufgehängt.
- Die Sätze aus dem Impulspapier „Unser Leitfaden für die Leitung" werden auf vier Flipchartbögen festgehalten.
- Nacheinander werden die einzelnen Sätze auf den einzelnen Bögen ergänzt. Hierbei können die Ergebnisse aus dem 1. Teil der Fortbildungseinheit als Orientierung dienen.
- Es ist nicht entscheidend, dass alle Sätze von allen gleichermaßen akzeptiert werden. Entscheidend ist die Bereitschaft sich bei entsprechenden Themen an der Frage und den Antwortversuchen zu orientieren.

2. Schritt
Kurze Einführung in das Diskussionspapier „Leitung wahrnehmen – Impulse"

Impuls zum Inhalt vergleiche Seite 133 – 135

- Wozu soll es gelesen werden? Wie soll beim nächsten Teil damit gearbeitet werden?.
- Folgende drei Fragen können beim Lesen des Diskussionspapiers helfen.
  - Welche dieser Gedanken haben wir auch für uns entdeckt?
  - Welche dieser Gedanken ärgern mich?
  - Welche dieser Gedanken sollen wir aufnehmen?

A   Leitung wahrnehmen

3. Teil
Leitfaden zum Leitungsstil entwickeln
45 Minuten

Material

Vier Flipchartbögen mit den Antworten zu dem erarbeiteten Leitfaden für die Leitung – Eddings – Impulspapier zu den Leitungsebenen – große Klebepunkte

1. Schritt:
Das Diskussionspapier „Leitung wahrnehmen – Impulse"

- Austausch über die drei Fragen im Plenum:
  - Welche dieser Gedanken haben wir auch für uns entdeckt?
  - Welche dieser Gedanken ärgern mich?
  - Welche dieser Gedanken sollen wir in den eigenen Leitfaden aufnehmen?

  (15 Minuten)

- Die Gedanken, die aufgenommen werden sollen, werden zusammengetragen und diskutiert. Wird eine Aufnahme der Antwort in den Leitfaden mehrheitlich für sinnvoll gehalten, wird er auf den entsprechenden Flipchartbögen mit einer anderen Farbe notiert.
  (15 Minuten)

Zeitrahmen: 30 Minuten

2. Schritt:
Auswahl von Antworten

Aus den vielen Gedanken zum Leitungsverhalten werden zu jeder Leitungsebene drei Gedanken ausgewählt, die im nächsten Jahr die Arbeit des Leitungskreises besonders prägen sollen.

- Im Plenum können die Teilnehmenden für bestimmte Akzente werben.
  (10 Minuten)

- Anschließend bekommen alle Teilnehmenden zwölf Punkte. Diese können sie hinter die Gedanken kleben, die ihnen besonders wichtig erscheinen. Dabei gelten folgende Regeln:
  - Drei Punkte sind bei jeder Leitungsebene zu verteilen.
  - Alle Punkte müssen verwendet werden.
  - Es kann nicht doppelt gepunktet werden. Die Höhe der Punktzahl entscheidet.

  (5 Minuten)

- Die gewählten Ergebnisse werden anschließend durch Vorlesen gewürdigt und den Teilnehmenden später als Leitfaden zugesandt.
  (5 Minuten)

Zeitrahmen: 15 Minuten

2 Didaktische Grundrisse, Methoden, und Schaubilder

Schaubilder –
Leitungsstile entdecken – zuordnen – einsetzen

Leiten in vier Richtungen

Leitende

Mitarbeitende ←→ mich selbst

die mir Anvertrauten

Fragen zu den vier Leitungsebenen
nach Matthäus 7, 12

Wie möchte ich als Mitarbeiter/in von meinem Leiter/meiner Leiterin geleitet werden?

Wie möchte ich als Mitarbeiter/in von anderen Mitarbeitenden in ihre Entscheidungen eingebunden werden?

Wie möchte ich gerne als Leiter/in von meinen Mitarbeitenden für ihre Ideen und Projekte gewonnen werden?

Wie sollen die, die mich leiten, ihr eigenes Leitungsverhalten kontrollieren und überprüfen?

Unser Leitfaden für die Leitung

Wir wollen die, die uns anvertraut sind, leiten, indem wir …

Wir wollen andere Mitarbeitende in unsere Entscheidungen einbinden, indem wir …

Wir wollen die, die uns leiten, für unsere Projekte und Ideen gewinnen, indem wir …

Wir wollen unser eigenes Leitungsverhalten kontrollieren und überprüfen, indem wir …

Die vier Leitungsrichtungen

Leitende
Anstecken mit Ideen/
Visionen/Beziehungen

Mitarbeitende ←→ mich selbst
Informationen teilen/ hinterfragen lassen:
respektieren/dienen *Das Grundproblem ist der innere Zwang:*
… Recht haben wollen
… Macht haben wollen
die mir Anvertrauten *… erfolgreich sein wollen*
Visionen entwickeln, um die sich Menschen *(Richard Rohr)*
scharen können: Bild/Satz

A   Leitung wahrnehmen

2 Didaktische Grundrisse, Methoden, und Schaubilder

Vorbemerkungen

Für das Einhalten entsprechender Zeiteinheiten gilt:

1. Der Zeitrahmen hängt von der Größe des Projekts ab.

   Je umfangreicher das Projekt, umso mehr Zeit bedarf es zur Klärung.

2. Er wird beeinflusst durch die gruppen-dynamische Situation.

   Bei unterschwelligen Konflikten in der Gruppe verlängert sich automatisch die Diskussion, da hier auf der Sach- und Beziehungsebene ein Konsens gefunden werden muss.

3. Er wird geprägt von der eigenen Betroffenheit bezüglich des Projekts.

   Je mehr Teilnehmende von dem Ergebnis der Projektplanung persönlich betroffen sind, umso emotionaler wird eine solche Diskussion, was wiederum zu einer Verlängerung der Zeitfenster führt.

Um das Konzept einer Projektplanung in zeitlich begrenztem Rahmen (s.u.) kennenzulernen, sollte man auf ein Aufgabenfeld zurückgreifen, das eng umrissen ist und unter den Teilnehmenden keine großen Emotionen auslöst, z. B. eine Freizeit für Mitarbeitende.

Bei Themen, an denen alle emotional beteiligt sind, ist es sinnvoll, den Prozess von einer außenstehenden Person leiten zu lassen.

Für die Auswahl des Problems gilt:

1. Es sollte in den Aufgabenbereich des Leitungsgremiums fallen.

   Hierdurch wird neben dem Übungseffekt zugleich ein Arbeitsauftrag erfüllt.

2. Es sollte für alle wichtig sein.

   Es motiviert, in die Projektentwicklung Zeit und Kraft zu investieren.

3. Es sollte zumindest einigen Teilnehmenden vertraut sein.

   Wenn einige in diesem Bereich leitend mitarbeiten, können sie für das nötige Hintergrundwissen im Beratungsprozess sorgen.

B   Projekte entwickeln

2 Didaktische Grundrisse, Methoden, und Schaubilder

Probleme ernst nehmen und den Auftrag ermitteln

Material
Brückenteile (Vorlage, siehe Download) –
Flipchart – Eddings – Metaplankarten

1. Teil
Das Problem und seine Aufträge
50 Minuten

1. Schritt:
Wahrnehmen von Problemen

Impuls zum Inhalt vergleiche Seite 35 – 36

- Geschichte: „Langsam geht schneller!"
- Sorgfältig planen: Mut zu kleinen Schritten!
- Bild: Den Bauplatz für die Brücke finden.
- Das Problem wahrnehmen: Auf die verschiedenen Blickwinkel achten.
- Das Problem untersuchen: Wie äußerst es sich?
- In dieser Phase geht es weniger um Diskussion als um Zuhören und Verstehen. (10 Minuten)
- Die unterschiedlichen Antworten werden auf einer Flipchart in Form einer Mindmap[11] aufgeschrieben. Um der Übersichtlichkeit willen kann bei sehr komplexen Themen die Mindmap über einen Computer angefertigt und mit Hilfe eines Beamers für alle visualisiert werden. (Ein entsprechendes Computerprogramm ist z.B. der Mind Manager: www.mindjet.de). (15 Minuten)
- Durch Handzeichen werden die Antworten gewichtet. Alle können sich so oft, wie sie wollen, melden. Die drei Antworten mit der höchsten Resonanz werden auf einer Flipchart festgehalten. (5 Minuten)

Zeitrahmen: 30 Minuten

2. Schritt:
Welche Aufträge ergeben sich aus den Problemen?

Impuls zum Inhalt vergleiche Seite 37

- Den Auftrag wahrnehmen: In welcher Absicht bekommen wir ihn?
- Den Auftrag ermitteln: Welchen Umfang hat er?
- Den Auftrag prüfen: Warum überhaupt? ... gerade wir? ... gerade jetzt? ... in dieser Form? (5 Minuten)
- Die Aufträge im Plenum zusammentragen und durch Handzeichen gewichten
- Die Aufträge mit der höchsten Resonanz anhand der vier W-Fragen untersuchen
- Sich auf einen gemeinsamen Auftrag einigen
- Als Imperativ ausformulieren, auf eine Metaplankarte schreiben und an eine Moderationswand hängen (15 Minuten)

Zeitrahmen: 20 Minuten

2 Didaktische Grundrisse, Methoden, und Schaubilder

2. Teil
Extraeinheit zur Vertiefung:
45 Minuten

1. Schritt:
Welche Aufträge haben wir als Leitungsgremium grundsätzlich übernommen?

- In kleinen Gruppen (3–5 Personen) wird überlegt, welche Arbeitsaufträge das Leitungsgremium übernommen hat. Die Aufträge werden auf Metaplankarten kurz formuliert.

- Neben dem Auftrag wird auf die Karten auch der Auftraggeber notiert.

- Mit einem Plus oder Minus wird gekennzeichnet, ob diese Aufträge vom Leitungsgremium auch in Zukunft erfüllt werden können und sollen. (Hierbei können Fragen helfen wie z.B.: „Haben wir genügend Kenntnisse, genügend Zeit, diese Aufgabe zu erfüllen?")

Zeitrahmen: 15 Minuten

2. Schritt:
Welche Aufträge wollen wir als Leitungsgremium bewusst übernehmen?

- Im Plenum stellen die Kleingruppen ihre Ergebnisse vor. Die Ergebnisse werden untereinander an eine Moderationswand angebracht. Doppelnennungen werden nebeneinander gehängt. So wird am Ende die augenblickliche Gewichtung der übernommenen Aufträge sichtbar.

- Indem die Teilnehmenden eine Bepunktung der Ergebnisse durchführen, kann eine Gewichtung herausgearbeitet werden (Dabei gilt: Alle dürfen insgesamt drei Punkte setzen, je ausgewählter Aussage jedoch nur einen Punkt).

- Eine Prioritätenliste wird nun aufgestellt. Die Metaplankarten werden dabei von oben (sehr wichtig) nach unten (nicht so wichtig) sortiert.

- Anschließend wird überlegt, welche Aufträge bewusst losgelassen werden sollen, damit man die Aufgaben, die man hat, möglichst gut erledigen kann. Entsprechende Verabredungen werden getroffen.

Zeitrahmen: 30 Minuten

Schaubild – den Auftrag ermitteln

Auftrag	Situation	Strategie	Ziel	Vision
Was wollen wir? Warum gehen wir diesen Weg?				

2 Didaktische Grundrisse, Methoden, und Schaubilder

Schaubild zum Exkurs: Die Diktatur des Dringlichen

Nur dann, wenn wir auch das machen, was uns wichtig ist (uns erfüllt), sind wir auf Dauer motiviert, engagiert und können gelassen mit eigenen und fremden Unzulänglichkeiten umgehen.

B   Projekte entwickeln

2 Didaktische Grundrisse, Methoden, und Schaubilder

Visionen entdecken und Situationen wahrnehmen

Material
Brückenteile – Flipchart – Eddings – Metaplankarten – Kreppband – Cartoon

B   Projekte entwickeln

1. Teil
Visionen entdecken
60 Minuten

1. Schritt:
Entdecken von Zukunftsbildern

Impuls zum Inhalt vergleiche Seite 41 – 43

- Bild: Die Uferbereiche des Flusses untersuchen.

- Gefahr: Sich in der Situation oder in Träumereien verlieren.

- Mit der Vision beginnen: Sie schärft den Blick für die Situation.

- Das SPITZE Modell: sinnlich – positiv – integrierend – treffend – zeitlich bestimmt – eigenständig erreichbar

- Die Bebilderung wird mit den entsprechenden Brückenbauteilen sichtbar während der Einführung veranschaulicht. (5 Minuten)

Es wird nun auf den Arbeitsbereich zurückgegriffen, der schon in der ersten Lerneinheit thematisiert wurde. Ausgehend von dem erarbeiteten Auftrag wird nun eine Vision entwickelt.

1. Möglichkeit

- Die Teilnehmenden werden im Plenum eingeladen sich vorzustellen, wie diese Arbeit aufgrund des Auftrages in ca. 3 – 7 Jahren aussehen wird. (Es kann dabei eine Hilfe sein, die Augen zu schließen).

- Folgende Formulierung kann hilfreich sein:
  Ich stelle mir vor, ich stehe ...

- Spielregel: Wir reden in der Gegenwartsform von dem Zukünftigen.
(15 Minuten)

2. Möglichkeit

- Diese Schritte können auch in kleinen Gruppen von ca. drei Personen geschehen, in einer so genannten Zukunftswerkstatt, in der man gemeinsam die Zukunft im Gespräch entwickelt.

- Die Vorstellungen werden dann im Plenum zusammengetragen. Die anderen können nachfragen, wenn sie etwas an dem Bild nicht verstehen. (15 Minuten)

- Am Ende von Möglichkeit eins und zwei werden die Bilder stichwortartig auf Metaplankarten notiert und auf einer Flipchart mit Kreppband befestigt.

Die Metaplankarten können unter folgenden Fragen gegliedert werden:

– Was ist geblieben?

– Was hat sich Neues entwickelt?

– Wovon mussten wir uns verabschieden? (10 Minuten)

Zeitrahmen: 30 Minuten

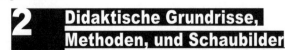

2. Schritt: Zusammenbinden verschiedener Bilder zu einer Vision

- Aus den verschiedenen erzählten „Bildern" wird sozusagen wie in einer Collage ein gemeinsames Bild entwickelt: die Vision. (15 Minuten)

- Auf einem extra Flipchartbogen werden Metaplankarten mit übereinstimmenden Beobachtungen und guten umsetzbaren Ideen gesammelt. Aus diesen Bausteinen wird ein „Visionshaus" gebaut. (7 Minuten)

- Das Ergebnis wird anhand des SPITZE-Modells geprüft und entsprechend ergänzt bzw. korrigiert. (7 Minuten)

Zeitrahmen: 30 Minuten

2. Teil Situation wahrnehmen 30 Minuten

Impuls zum Inhalt vergleiche Seite 44 – 45

- Cartoon

- Vier Fragen: Stärken? – Schwächen? – Chancen? – Hindernisse?

- Einführung in die Analyse der Situation anhand des Brückenbildes und der Fragen. (10 Minuten)

- Die vier Fragen werden auf vier Flipchartbögen notiert, auf einer Moderationswand befestigt und nacheinander im Plenum beantwortet. Hierbei geht es nicht um Vollständigkeit. Auch kann zwischen den einzelnen Fragen hin und her gesprungen werden.

- Als Hilfe kann der Bogen zur Problemfeldsichtung dienen. (20 Minuten)

B   Projekte entwickeln

Schaubilder – Visionen entdecken

Auftrag	Situation	Strategie	Ziel	Vision
Was wollen wir? Warum gehen wir diesen Weg?				Wo möchten wir hin? Wer/was wollen wir sein?

Visionsformulierung mit dem Spitze-Modell

s innlich
p ositiv
i ntegrierend
t reffend
z eitlich bestimmt
e igenständig erreichbar

2 Didaktische Grundrisse, Methoden, und Schaubilder

Schaubilder – Situation wahrnehmen

B   **Projekte entwickeln**

2 Didaktische Grundrisse, Methoden, und Schaubilder

Ziele bestimmen und Strategien entwickeln

Material
Brückenteile – Flipchartbögen – Eddings – Klebepunkte – Moderationswände – Kreppband / Nadeln o.ä. zum Befestigen

1. Teil
Ziele
20 Minuten

1. Schritt:
Ziele definieren

Impuls zum Inhalt vergleiche Seite 47 – 48

- Situation: Vorsicht vor schnellen Lösungen
- Bild: Die Brückenkonstruktion beachten
- Klare Ziele formulieren:
  spezifisch – messbar – attraktiv – realistisch – terminiert
- Die Bebilderung wird mit den Brückenbauteilen veranschaulicht.

Zeitrahmen: 5 Minuten

2. Schritt:
Sammeln von Zielen und Prüfen anhand der SMART-Kriterien

- Die Flipchartbögen mit den Visionen und den Ergebnissen der Situationsanalyse werden in einem Abstand von ca. 3,2 Metern befestigt. Im weiteren Verlauf werden zwischen den Bögen weitere Bögen angebracht. (Siehe Abbildung in der Anlage.)
- Ein Flipchartbogen mit der Überschrift „Ziele" wird aufgehängt.
- Im Plenum werden gemeinsam Zielideen gesammelt, geleitet von der Frage: „Welche Ziele können uns auf dem Weg von der Situation zur Vision helfen?"
- Die vorgeschlagenen Ziele werden anhand der SMART-Kriterien geprüft.
- Anschließend werden diese durch Punkte gewichtet. Jede/r darf drei Punkte setzen, pro ausgewählte Aussage einen Punkt.

Zeitrahmen: 15 Minuten

2 Didaktische Grundrisse, Methoden, und Schaubilder

2. Teil
Strategien
25 Minuten

1. Schritt:
Ideensammlung für Strategien

Impuls zum Inhalt vergleiche Seite 49

- Neben die Flipchartbögen mit den Ergebnissen der Situationsanalyse werden drei Bögen mit den drei Fragen zur Strategieentwicklung gehängt.

  - Wie können wir mit unseren Stärken den inneren Schwächen entgegenwirken, um das Ziel zu erreichen?

  - Wie können wir mit unseren äußeren Chancen den äußeren Hindernissen entgegenwirken?

  - Wie können wir mit unseren Stärken die äußeren Chancen nutzen?

- Im Plenum werden nun die einzelnen Fragen beantwortet. Die Antworten werden auf den Bögen notiert.

- Anschließend werden diese Antworten zusammengefasst.

Zeitrahmen: 15 Minuten

2. Schritt:
Gewichten und entscheiden – Festhalten der Ergebnisse

- Gewichtung der Strategien durch Handzeichen (Alle können sich so oft melden, wie sie wollen.)

- Durchführbarkeit der Strategie und Zuständigkeit für die strategischen Schritte anhand der vier W-Fragen klären.

Zeitrahmen: 10 Minuten

B   Projekte entwickeln

Schaubilder – Ziele bestimmen

Auftrag	Situation	Strategie	Ziel	Vision
Was wollen wir? Warum gehen wir diesen Weg?	Was ist die jetzige Situation? Wo ist unser Standort?		Welche Ziele bringen uns zu unserer Vision?	Wo möchten wir hin? Wer/was wollen wir sein?

Klare Ziele formulieren (SMART)

s pezifisch
m essbar
a ttraktiv
r ealistisch
t erminiert

2 Didaktische Grundrisse, Methoden, und Schaubilder

Schaubilder – Strategien entwickeln

Auftrag	Situation	Strategie	Ziel	Vision
Was wollen wir? Warum gehen wir diesen Weg?	Was ist die jetzige Situation? Wo ist unser Standort?	**Wie können wir unser Ziel erreichen?**	Welche Ziele bringen uns zu unserer Vision?	Wo möchten wir hin? Wer/was wollen wir sein?

Ideensammlungen für Strategien

1. Wie können wir mit unseren Stärken den inneren Schwächen entgegenwirken, um das Ziel zu erreichen?
2. Wie können wir mit unseren äußeren Chancen den äußeren Hindernissen entgegenwirken?
3. Wie können wir mit unseren Stärken die äußeren Chancen nutzen?

Strategie festlegen mit den vier W-Fragen

Wer?

macht **was?**

mit **wem?**

bis **wann?**

B   Projekte entwickeln

Schaubilder – Projekte entwickeln – Übersicht

Auftrag	Situation	Strategie	Ziel	Vision
Was wollen wir? Warum gehen wir diesen Weg?	Was ist die jetzige Situation? Wo ist unser Standort?	Wie können wir unser Ziel erreichen?	Welche Ziele bringen uns zu unserer Vision?	Wo möchten wir hin? Wer/was wollen wir sein?

Auftrag	Situation	Strategie	Ziel	Vision
Was wollen wir? Warum gehen wir diesen Weg?	Was ist die jetzige Situation? Wo ist unser Standort?	Wie können wir unser Ziel erreichen?	Welche Ziele bringen uns zu unserer Vision?	Wo möchten wir hin? Wer/was wollen wir sein?
Warum überhaupt? Warum gerade wir? Warum gerade jetzt? Warum auf diese Weise?	Stärken Chancen Schwächen Hindernisse	**Wer?** macht **was?** mit **wem?** bis **wann?**	**s**pezifisch **m**essbar **a**ttraktiv **r**ealistisch **t**erminiert	**s**innlich **p**ositiv **i**ntegrierend **t**reffend **z**eitlich bestimmt **e**igenständig erreichbar

Veränderung ist möglich ...

... wenn wir wissen, was wir wollen!
(Frage nach dem Auftrag)

... wenn wir wissen, was unsere Situation ausmacht.
(Traditionen, Erfahrungen, Handlungsweisen, Umfeld)

... wenn wir überzeugt sind, dass in unserer Situation ein besseres Leben möglich ist, als das, was wir führen.
(Frage nach unseren Visionen)

... wenn wir bereit sind, unser Verhalten zu ändern.
(Frage nach unseren Zielen)

... wenn wir unsere Grenzen kennen, annehmen und unsere Stärken nutzen.
(Frage nach unserer Strategie)

2 Didaktische Grundrisse, Methoden, und Schaubilder

Schaubilder – Projekte entwickeln – Praxisbeispiel

Projekt entwickeln – Praxisbeispiel

Situation:
Ich arbeite als Verantwortliche/r für die Jugendarbeit in einer Gemeinde.

Auftrag:
Gib den Glauben als Lebenshilfe so weiter, dass junge Menschen zu einer persönlichen Gottesbeziehung ermutigt werden!

Vision:
In einem Jahr gibt es einen Bibelgesprächskreis für Jugendliche in unserer Gemeinde.

Ziel:
Ich will im nächsten halben Jahr ein Team von fünf Mitarbeitenden für diese Arbeit entdecken, gewinnen und fördern.

Strategie:

1. **Ich schaffe Bewusstsein bei den Verantwortlichen/ Leitungsorganen für diese Idee:**
   Informationen bereitstellen und vermitteln

2. **Ich spreche gezielt Menschen an, …**
   … die mir für diese Aufgabe geeignet erscheinen.
   … die mich mit ihren Gaben unterstützen können.
   … die mich von außen unterstützen.

---

3. **Ich fahre mit interessierten möglichen Mitarbeitenden zu einem Ort, an dem diese Idee schon umgesetzt wird.**
   (Hier erleben sie, was ich als Idee vor Augen habe.)

4. **Bei dieser Veranstaltung lerne ich die Interessierten kennen und gebe ihnen Gelegenheit, mich kennenzulernen.**

5. **Ich lade zu einem Nachtreffen ein, …**
   … um das gemeinsam Erlebte auszuwerten
   und die Bereitschaft zur Mitarbeit zu erfragen.

---

6. **Ich gründe eine Projektgruppe, um …**
   … gemeinsam eine Konzeption zu entwickeln (für das Projekt und die Projektgruppe).
   … die Ausführung des Projekts zu planen.
   … den Teamgedanken zu fördern.
   … die Arbeit zu begleiten und zu koordinieren.

7. **Ich beginne eine zeitlich begrenzte Projektphase.**

B   Projekte entwickeln

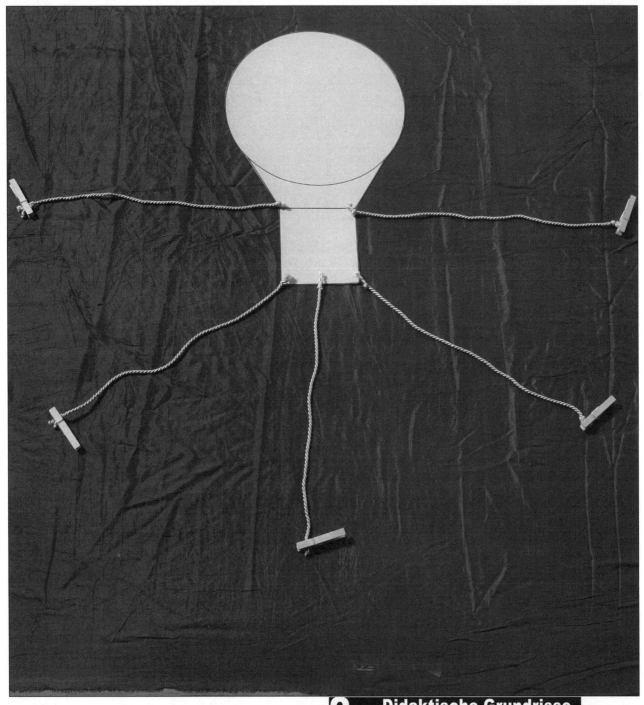

2 Didaktische Grundrisse, Methoden, und Schaubilder

Umgang mit Widerständen – „Ein Projekt zum Fliegen bringen"

Material
Ballonschablone (Vorlage, siehe Download) –
Stricke – gelbe, rote und grüne Metaplankarten – Eddings

Rahmen
Stuhlkreis um ein Bodenbild: In der Mitte des Bodenbildes liegt ein Ballon (siehe Download).
Jeweils zwei Stapel mit roten und grünen Metaplankarten sowie Eddings liegen in der Mitte.

C   Veränderungsprozesse in Gang bringen

1. Teil
Widerstände und ihre Argumente entdecken
35 Minuten

1. Schritt:
Widerstände ernst nehmen

Impuls zum Inhalt vergleiche Seite 55 – 57

- Widerstände ernst nehmen
- Ursache von Widerständen wahrnehmen/die fünf Faktoren: Informationsstand – Kommunikation – Interessen und Bedürfnisse – Sichtweisen – Beziehungen
- Jeweils ein Strick auf dem Bodenbild steht für einen Faktor.
- Während des Referats werden die Faktoren auf die gelben Metaplankarten geschrieben und jeweils am Ende eines Strickes ausgelegt (siehe zur Entwicklung des Bodenbildes im Download-Material: Bodenbild – Umgang mit Widerständen).

Zeitrahmen: 10 Minuten

2. Schritt:
Wir sammeln allgemeine Widerstandsargumente

- Ein Beispielthema wird vorgeschlagen. An dieser Stelle ist es sinnvoll, ein Thema zu nehmen, zu dem keine emotionalen Beziehungen bestehen.
- Die Schritte 2 bis 4 haben hier einen spielerischen Charakter.
- Jeder einzelne Gedanke wird durch den Moderator oder durch die Teilnehmenden selbst auf roten Karten schriftlich festgehalten und auf dem Bodenbild ungeordnet niedergelegt (siehe Schaubild).

Widerstände:

„Worum geht es?"
„Was meint ihr?"
„Ich will meine Ruhe haben!"
„Es läuft doch alles gut!"
„Nicht der/die schon wieder!"
etc.

Zeitrahmen: 5 Minuten

2 Didaktische Grundrisse, Methoden, und Schaubilder

3. Schritt:
Welche allgemeinen Faktoren stecken hinter den Widerständen?

- Austausch: Was passt zusammen?
- Alle Gedanken und Argumente, die zu einem Faktor gehören, werden wie Fahnen an dem jeweiligen Seil angelegt (siehe Schaubild). Beispiele:

Widerstände:	Faktoren:
„Worum geht es?"	Informationsstand
„Was meint ihr?"	Kommunikationsprobleme
„Ich will meine Ruhe haben!"	Interessen/Bedürfnisse
„Es läuft doch alles gut!"	Unterschiedliche Sichtweisen
„Nicht der / die schon wieder!"	Beziehungsprobleme

Zeitrahmen: 10 Minuten

4. Schritt:
Ernstnehmen der verborgenen Faktoren

- Austausch: Welche Argumente und Verhaltensformen würden die verborgenen Faktoren ernst nehmen und helfen, die einzelnen Widerstände abzubauen?
- Jede Überwindungshilfe wird auf grünen Karten festgehalten und den entsprechenden Widerständen zugeordnet.

Widerstände:	Hilfen zum Überwinden der Widerstände:
„Worum geht es?"	Alle auf einen Infostand bringen!
„Was meint ihr?"	Sich Zeit zum Klären der Begriffe und Argumente nehmen
„Ich will meine Ruhe haben!"	Einander entlasten: Du musst nicht mitmachen!
„Es läuft doch alles gut!"	Einladen zu einer Ortsbesichtigung
„Nicht der/die schon wieder!"	Integrationsfiguren mit einbeziehen

Zeitrahmen: 10 Minuten

2. Teil
Widerstandsphasen
10 Minuten

1. Schritt:
Widerstandsphasen wahrnehmen

Impuls zum Inhalt vergleiche Seite 58 – 59

- Die vier Phasen im Umgang mit Widerständen: Zeit geben – ernst nehmen – begrüßen – integrieren
- Austausch

Zeitrahmen: 10 Minuten

2. Schritt:
Zur Vertiefung

Umsetzung anhand eines konkreten Problems innerhalb von zwei Sitzungen

- 1. Sitzung: Phase 1 (Zeitrahmen: 30 Minuten)
- 2. Sitzung: Phase 2–4 (je 15 Minuten)

Zeitrahmen: 30 bzw. 45 Minuten

C   **Veränderungsprozesse in Gang bringen**

Bodenbild – „Ein Projekt zum Fliegen bringen"

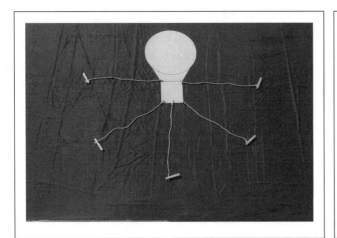
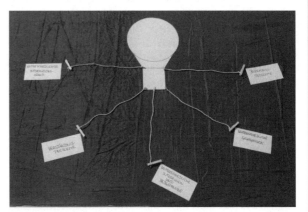
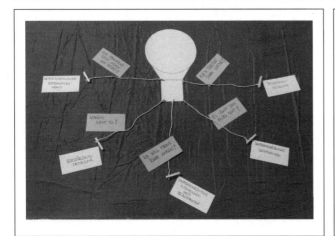
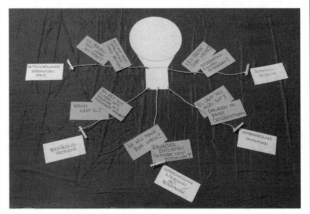

Schaubild – „Ein Projekt zum Fliegen bringen"

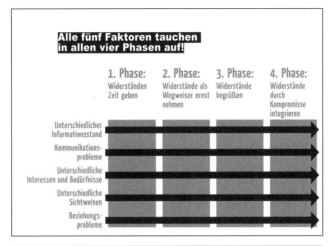

C   Veränderungsprozesse in Gang bringen

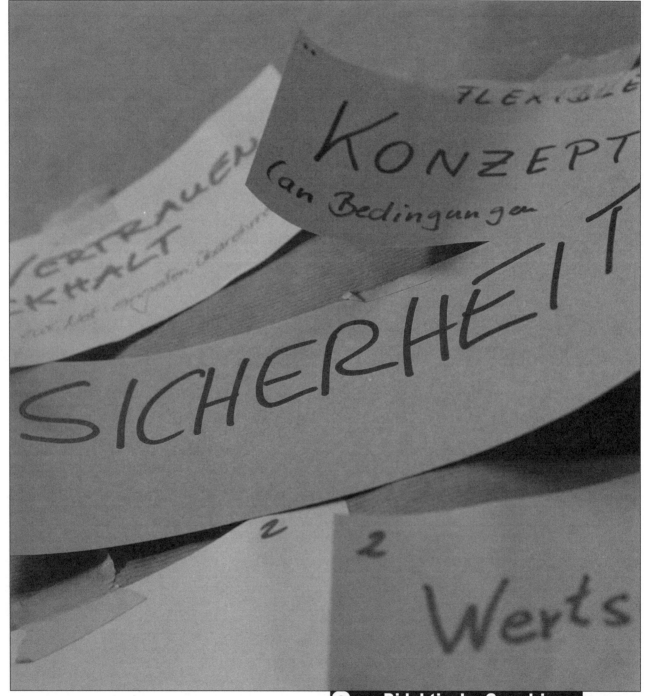

2 Didaktische Grundrisse, Methoden, und Schaubilder

Aufbrüche wagen – das Glockenkurvenprinzip

Material
Kinderschuh – Erwachsenenschuh – Flipchart – Eddings

1. Teil:
Zeit der Aufbrüche
30 Minuten

1. Schritt:
Veränderungen sind notwenig

Impuls zum Inhalt vergleiche Seite 61 – 63

- Problem: Wenn wir alles beim Alten lassen, bewahren wir das Alte nicht.

- Bild: Ein Kinderschuh passt nur für eine bestimmt Zeit.

- Mut zur Veränderung: Wie würden die Gründer und Gründerinnen es heute machen?

- Veränderung bedeutet nicht, dass das Alte schlecht war.

Zeitrahmen: 5 Minuten

2. Teil
Den richtigen Zeitpunkt wählen
20 Minuten

2. Schritt:
Entwicklung einer Gemeinschaft

Impuls zum Inhalt vergleiche Seite 64

- Entwicklungsstufen einer Gemeinschaft: Geburt – Frühe Anfänge – Reifezeit – Konservierung – Erstarrung

- Wichtig ist zu betonen, dass die Einteilung in die einzelnen Phasen nichts über den Einsatz und die Qualität der augenblicklich geleisteten Arbeit aussagt. (10 Minuten)

- Die einzelnen Teilnehmenden versuchen, einen Kreis, den sie selber besuchen, einer dieser Phasen zuzuordnen. Hierdurch wird der Blick geschärft. (5 Minuten)

- Anschließend findet ein kurzer Austausch in Zweierteams statt. (5 Minuten)

- Vorstellen der Beobachtungen im Plenum. Dabei werden mögliche unterschiedliche Einschätzungen eines Kreises nebeneinander stehen gelassen. (5 Minuten)

Zeitrahmen: 25 Minuten

3. Schritt:
Welche Phase ist besonders für Veränderungen geeignet?

Impuls zum Inhalt vergleiche Seite 65

- Austausch

- Veränderungsbereitschaft in den einzelnen Phasen:
  In den frühen Anfängen und der Reifezeit ist sie gut
  In der Konservierungs- und Erstarrungszeit ist sie schlecht

- Diskutieren der soziologischen Beobachtungen

Zeitrahmen: 10 Minuten

4. Schritt:
Veränderungen wagen in der Phase der frühen Anfänge

- Für einen Kreis, der der „Phase der frühen Anfänge" zugeordnet ist, wird überlegt, welche Widerstände auftauchen können

- Außerdem wird über das Überwinden der Widerstände beraten

- Andiskutieren eines konkreten Beispiels im Plenum
  Ergebnisse werden an der Flipchart festgehalten

Zeitrahmen: 10 Minuten

2 Didaktische Grundrisse, Methoden, und Schaubilder

Schaubilder – Aufbrüche wagen – das Glockenkurvenprinzip

C   Veränderungsprozesse in Gang bringen

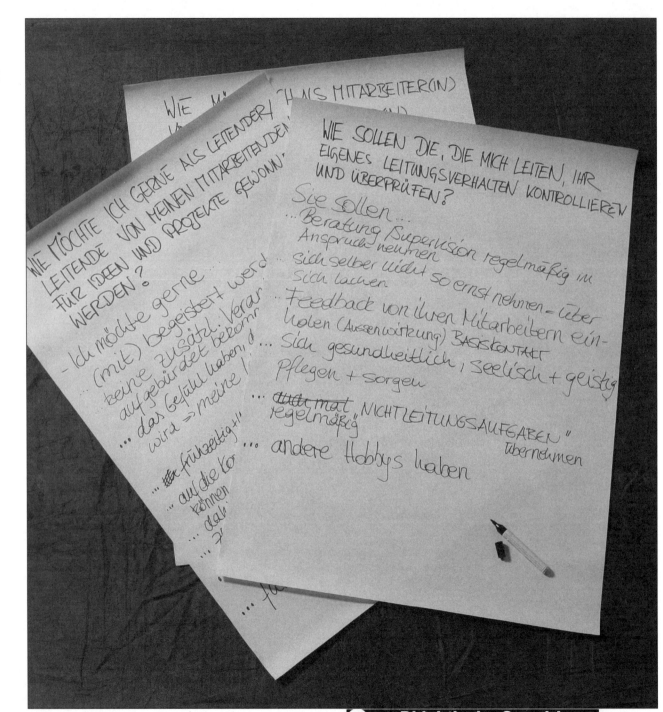

2 Didaktische Grundrisse, Methoden, und Schaubilder

Methoden zur Entscheidungsfindung

Zitate

„Gewinner brauchen keinen Frieden. Verlierer geben keinen Frieden."
(Verfasser unbekannt)

„Ein Kompromiss ist eine Entscheidung, mit der beide Parteien gleich unzufrieden sind."
(Henry Kissinger)

„Es ist gut, wenn die Mehrheit warten kann, bis die Minderheit nachkommt."
(Verfasser unbekannt)

Situation

In den einzelnen Stadien der Projektentwicklung kann es geschehen, dass eine Einigung aufgrund sehr unterschiedlicher Sichtweisen nicht gelingt.

Eine knappe Mehrheitsentscheidung oder eine Entscheidung, die ein Teil des Leitungskreises absolut ablehnt, kann die Atmosphäre eines Leitungsteams stark belasten und zur Bildung von Fraktionen im Leitungskreis führen.

Ziel

Hilfen für eine Entscheidungsfindung entdecken und eine Situation herbeiführen, bei der beide Seiten gewinnen (win-win-Situation)

C   Veränderungsprozesse in Gang bringen

Um Zustimmung werben

Die Methode der Entscheidungsfindung entscheidet mit darüber, inwieweit auch bei gegensätzlichen Überzeugungen eine Entscheidung von den Kritikern und Kritikerinnen mitgetragen wird. Zeichnet sich bei der Beratung eine stark unterschiedliche Einschätzung ab, bieten sich folgende Schritte bei der Entscheidungsfindung an:

1. Bündelung der verschiedenen Überzeugungen

Zunächst wird gemeinsam darum gerungen, möglichst viele Überzeugungen miteinander zu verbinden. Das Ziel ist die Reduzierung auf wenige alternative Positionen.

Methode:
Diskussion im Plenum. Ergebnisse werden auf einer Flipchart festgehalten.

2. Positive Gewichtung der gebündelten Meinungen

Es geht nun darum zu ermitteln, welche Positionen von möglichst vielen Teilnehmenden mitgetragen werden. Hierbei geht es um eine positive Bewertung der Überzeugungen. Es geht um die Frage: „Welche Überzeugungen kann ich mittragen?" (und nicht: „Welche Überzeugungen kann ich nicht mittragen?") Diese Methode der „wertschätzenden Erkundung" versucht, im Meinungsbildungsprozess das Verbindende und nicht das Trennende zu stärken.

Methode: Bepunkten der Überzeugungen. Jeder kann so viele Punkte setzen, wie er oder sie will. Aber es können nicht mehrere Punkte von einem Teilnehmenden an einer Überzeugung gesetzt werden.
Alternativ kann die Bewertung auch durch Handzeichen erfolgen.
(5 Minuten)

2 Didaktische Grundrisse, Methoden, und Schaubilder

3. Ermittlung einer Tendenz

Bei stark konkurrierenden Meinungen hilft die Ermittlung von Meinungstendenzen. Damit wird untersucht, welche Überzeugungen tendenziell am ehesten von allen mitgetragen werden können.

Methode: Vorgehensweise: Es wird auf dem Boden eine Linie gezogen (Meinungsstrahl) bzw. ein Dreieck gezeichnet (Meinungsdreieck). An den Enden wird auf ein großes Schild die jeweilige Position geschrieben. Die Teilnehmenden stellen sich nun auf der Linie an den Platz, der ihre Tendenz zu der einen oder anderen Seite ausdrückt. Am Ende wird geschaut, in welche Richtung im Durchschnitt mehr Teilnehmende tendieren.
(5 Minuten)

Alternativ kann auch eine Linie oder ein Dreieck auf einen Papierbogen gemalt werden. Die Positionierung geschieht in diesem Fall mit Figuren (z.B. Playmobilfiguren).

4. Was könnte den Kritikern und Kritikerinnen helfen, die Entscheidung mitzutragen?

Methode: Austausch über die Frage: Was müsste geschehen, damit alle diese Entscheidung mittragen können? Inwieweit können Bedenken, die im Raum stehen, in die Konzeption eingebunden werden? Bedenken werden auf roten Metaplankarten stichwortartig festgehalten. Anschließend werden auf grünen Karten Lösungswege formuliert und zu den entsprechenden Bedenken hinzugelegt.

Vergleiche hierzu auch das Kapitel C: Konfliktbewältigung

C   Veränderungsprozesse in Gang bringen

3 Material für die Teilnehmenden

A Leitung wahrnehmen
B Projekte entwickeln
C Veränderungsprozesse in Gang bringen

3 Material für die Teilnehmenden

Leiten lernen als Chance und Verantwortung

Es ist alles da – aber noch nicht alles entfaltet

Ein Mitarbeiter eines Leitungsteams hatte eines Nachts einen Traum. Er stand mit seinem Team in einem Laden. Wunderbare Behälter umgaben sie. Aber so sehr sie sich auch bemühten, sie konnten nicht erkennen, was sie beinhalteten. So fragten sie den Engel, der an der Ladentheke stand: „Sie haben hier so schöne Behälter. Wir ahnen, dass man hier etwas Wunderbares kaufen kann. Aber was ist es?" „Nun," sagte der Engel, „Sie können hier alles bekommen, was für ein gut funktionierendes Leitungsteam nötig ist." „Oh, das kommt uns ja gerade recht", antworteten die versammelten Mitarbeitenden des Leitungsteams, „denn wir haben gerade so unsere Probleme miteinander. Wir möchten für unser Team

> gegenseitiges Verständnis für unsere Anliegen,
> Weisheit für die richtigen Entscheidungen,
> Bereitwilligkeit, sich auf neue Wege einzulassen,
> Begeisterung für die Inhalte, mit denen wir uns beschäftigen,
> Vertrauen in die Arbeit der anderen,
> Nachsichtigkeit für fremde Fehler,
> Verständnis von denen, die wir leiten!"

„Moment," sagte der Engel. „Sie haben mich nicht verstanden. – Wir verkaufen hier keine Früchte, sondern nur das Saatgut."

Viele Möglichkeiten liegen in jedem/jeder von uns. Zahlreiche Begabungen, Stärken, Ideen und Gedanken sind vorhanden. Wir können ein wirklich gutes Team sein und miteinander gute Entscheidungen fällen. Es ist als Saatgut von Gott in uns hineingelegt. Es ist alles da. Vieles aber ist verborgen und noch nicht sichtbar zur Entfaltung gekommen.

Die Frage ist: Was können wir tun, damit wir die Schätze, die in uns liegen, gemeinsam zur Entfaltung bringen?

Schätze wahrnehmen

Psalm 139, 13 Denn du hast meine Nieren bereitet und hast mich gebildet im Mutterleib. Ich danke dir, dass ich wunderbar gemacht bin, wunderbar sind deine Werke, das erkennt meine Seele wohl. (Lutherübersetzung)

Bei allem weiteren Nachdenken sollten wir das nie vergessen: Wir sind ein in die Tat umgesetzter wunderbarer Gedanke Gottes. So sollten wir uns sehen. So sollten wir einander sehen. So sollten wir uns als Team sehen.

Alles Nachdenken über unsere Arbeit sollte von der Frage geleitetet sein: Wie können wir dafür sorgen, dass unsere Stärken in unserem Team noch mehr zur Entfaltung kommen?

Wir haben eine Verantwortung

Gott ehrt uns, indem er uns Leitungsverantwortung zutraut. Gott fordert uns durch Probleme und Schwierigkeiten heraus. Gott nimmt uns mit unserer Arbeit auch in die Verantwortung und er dient uns, indem er uns Begabungen schenkt und die Fähigkeit gibt, uns fortzubilden.

Im 1. Petrusbrief 4,10 heißt es: „Dient einander mit den Fähigkeiten, die Gott euch geschenkt hat – jeder und jede mit der eigenen, besonderen Gabe! Dann seid ihr gute Verwalter der vielfältigen Gnade Gottes." (Gute Nachricht)

Fortbildung ist notwendig

Das ist eine alte Weisheit: „Es ist noch kein Meister vom Himmel gefallen."

Ein Handwerker macht darum eine Ausbildung, bevor er sein Handwerk ausführt. Ein Lehrer muss studieren, bevor er Menschen unterrichten darf. Ein Sportler trainiert, um beim Wettkampf körperlich fit und technisch gut vorbereitet zu sein. Und wie steht es bei uns? Wie erlangen wir die Kenntnisse, die uns in die Lage versetzen, eine Gemeinde zu führen?

Wer nicht wagt, der nicht gewinnt

Natürlich ist eine Fortbildung immer ein Wagnis. Ob sie wirklich hilft, wissen wir erst nachher. Aber wenn, erleichtert es unsere Arbeit.

3 Material für die Teilnehmenden

A   Leitung wahrnehmen

Spielregeln

1. Ich kann solange fragen, bis ich alles verstanden habe

Das Nachfragen Einzelner hilft oft allen, einen Zusammenhang zu verstehen. Es gilt: Nachfragen sind wichtig und nötig, denn andere trauen sich vielleicht nicht oder haben die Thematik in ihrer Tiefe noch nicht begriffen.

Es gilt: Es gibt keine dummen Fragen

2. Ich muss nicht alles richtig beantworten

Wir vermeiden gerne Fehler. Das ist grundsätzlich nicht falsch. Nur – dort wo wir unbekanntes Gebiet betrete, werde wir auch Fehler machen. „Übung macht den Meister." Nur durch Versuch und Irrtum, durch Wagnis und Fehler können wir uns Neues aneignen. Fehler bringen uns weiter!

Darum können wir mutig falsch antworten. Oft führen so genannte falsche Antworten auf die richtige Fährte.

Es gilt: Es gibt keine dummen Antworten

3. Ich darf entscheiden, was ich für meine Arbeit brauche

Wir wissen am besten, was für uns und unsere Situation gut ist. Darum müssen wir prüfen, was wir für uns übernehmen und was nicht. Diese Arbeit kann uns keiner abnehmen. Es gilt: Ich übernehme für meine Arbeit nur das, was mir entspricht und sich für mich bewährt.

Doch bevor ich das entscheiden kann, muss ich mich damit vertraut gemacht haben.

Es gilt: Erst ausprobieren, dann entscheiden

4. Ich bin ein Anwalt für meine Bedürfnisse

Wenn wir z.B. eine Arbeitsform nicht mitmachen oder eine Frage nicht beantworten möchten, dann dürfen wir das mit gutem Gewissen tun. Wir wollen einander vertrauen, dass alle sich so einbringen, wie sie können.

Es gilt: Ich muss mich nicht überfordern

5. Ich darf meine Meinung ändern

„Man wird alt wie eine Kuh und lernt immer noch dazu." Dieses alte Sprichwort gilt auch hier. Es ist keine Schwäche, Überzeugungen oder Verhalten zu ändern. Im Gegenteil, es ist eine besondere Stärke.

Es gilt: „Es gehört oft mehr Mut dazu, seine Meinung zu ändern, als ihr treu zu bleiben." (Friedrich Hebbel)

Bibelstellen zum Thema „Verantwortung"

Folgende Texte unterstreichen unsere Leitungsverantwortung gegenüber Gott. Sie können uns für unser eigenes Leitungsverständnis Impulse geben.

1. Korinther 4, 1 – 2

Ihr seht also, wie ihr von uns denken müsst: Wir sind Menschen, die im Dienst von Christus stehen und Gottes Geheimnisse zu verwalten haben. Von Verwaltern wird verlangt, dass sie zuverlässig sind. (Gute Nachricht)

1. Petrus 4, 10

Ein jeder diene mit den Gaben, die er empfangen hat. (Lutherübersetzung)

Lukasevangelium 19, 12 – 23

Er sagte: »Ein Mann von königlicher Herkunft reiste in ein fernes Land. Dort wollte er sich zum König über sein eigenes Volk und Land einsetzen lassen und danach zurückkehren. Bevor er abreiste, rief er zehn seiner Diener, gab jedem ein Pfund Silberstücke und sagte zu ihnen: Treibt Handel damit und macht etwas daraus, bis ich komme! Aber seine Landsleute konnten ihn nicht leiden. Deshalb schickten sie Boten hinter ihm her, die erklären sollten: Wir wollen diesen Mann nicht als König haben! Als er nun König geworden war, kam er zurück und ließ die Diener rufen, denen er das Geld anvertraut hatte. Er wollte sehen, was sie damit erwirtschaftet hatten. Der erste kam und berichtete: Herr, dein Pfund Silberstücke hat zehn weitere Pfund eingebracht. Sehr gut, sagte sein Herr, du bist ein tüchtiger Diener. Weil du in so kleinen Dingen zuverlässig warst, mache ich dich zum Herrn über zehn Städte. Der zweite kam und berichtete: Herr, dein Pfund Silberstücke hat fünf weitere Pfund eingebracht. Der Herr sagte zu ihm: Dich mache ich zum Herrn über fünf Städte. Ein dritter aber kam und sagte: Herr, hier hast du dein Pfund Silberstücke zurück. Ich habe es im Tuch verwahrt und immer bei mir getragen. Ich hatte Angst vor dir, weil du ein strenger Mann bist. Du hebst Geld ab, das du nicht eingezahlt hast, und du erntest, was du nicht gesät hast. Zu ihm sagte der Herr: Du Nichtsnutz, du hast dir selbst das Urteil gesprochen. Du wusstest also, dass ich ein strenger Mann bin, dass ich abhebe, was ich nicht eingezahlt habe, und ernte, was ich nicht gesät habe. Warum hast du dann mein Geld nicht wenigstens auf die Bank gebracht? Dort hätte ich es bei meiner Rückkehr mit Zinsen wiederbekommen. (Gute Nachricht)

Hesekiel 34, 2b – 5a

Wehe den Hirten Israels, die sich selbst weiden! Sollen die Hirten nicht die Herde weiden? Aber ihr esst das Fett und kleidet euch mit der Wolle und schlachtet das Gemästete, aber die Schafe wollt ihr nicht weiden. Das Schwache stärkt ihr nicht, und das Kranke heilt ihr nicht, das Verwundete verbindet ihr nicht, das Verirrte holt ihr nicht zurück und das Verlorene sucht ihr nicht; das Starke aber tretet ihr nieder mit Gewalt. Und meine Schafe sind zerstreut, weil sie keine Hirten haben. (Lutherübersetzung)

3 Material für die Teilnehmenden

A   Leitung wahrnehmen

Erwartungen als Arbeitsauftrag

Wenn wir in ein Leitungsgremium berufen werden, konfrontieren uns die Menschen mit Erwartungen. Oft werden sie nicht ausgesprochen. Dennoch ist es gut, sie zu kennen, ernst zu nehmen und auf diese Erwartungen Antworten zu finden. Das heißt, sie zu bejahen, klar abzulehnen oder durch eigene Vorstellungen zu ergänzen bzw. zu korrigieren.

Die vier Grunderwartungen an Leitungsteams:

1. Sie sollen Orientierung geben

Die Leitenden sollen aufzeigen, wofür die Gemeinschaft steht, worin sie sich von anderen Gemeinschaften unterscheidet und was für sie besonders ist. Es geht um die Vermittlung von Werten, Grundlinien und Kernaussagen, die in der Gemeinschaft gelten.

Frage: Wofür stehen wir?
Welche Werte, Grundlinien, Kernaussagen unserer Gemeinschaft vermitteln wir nach außen?

2. Sie sollen Sicherheit vermitteln

Menschen wollen das Gefühl haben, dass die Leitenden Wege durch die Unwägbarkeiten des Gemeindelebens finden. Diese Menschen finden Sicherheit

- durch Vermittlung klarer Ziele und Aufgaben
- durch das Gefühl, mit ihren Fragen und Bedürfnissen ernst genommen zu werden
- durch Unterstützung und Hilfe bei den Aufgaben, die sie zu erfüllen haben

Frage: Wie erleben die Mitarbeitenden unsere Unterstützung in ihrer Arbeit?
Wie nehmen die Menschen wahr, dass wir sie mit ihren Fragen und Nöten ernst nehmen?

3. Sie sollen Fähigkeit ausstrahlen

Die Leitenden müssen fachlich in der Lage sein, ihre Leitungsaufgaben auszuführen (d.h. in Handlungen umzusetzen) und ihre Arbeit verständlich und klar darzulegen (d.h. nach außen zu vermitteln).

Frage: Wie drückt sich Qualität in unserer Arbeit aus?
Was können wir gut? Wie sorgen wir dafür, dass wir die nötigen Fähigkeiten entwickeln oder/und trainieren, um qualitativ hochwertig unser Leitungsamt auszuüben?

4. Sie sollen Vorbilder sein

Es geht um eine Körpersprache der Leitung, die das von ihr Vertretene widerspiegeln sollte. Nach dem Motto: „Alles Reden nützt nichts, die Menschen machen einem doch alles nach!" Dazu gehören auch Umgangsformen wie Ehrlichkeit, Loyalität, Partnerschaftlichkeit und Einsatzbereitschaft.

Frage: Wie nehmen die Menschen uns wahr?
Wie leben wir das, was uns wichtig ist, in der Öffentlichkeit?

Unser Leitfaden
zu den Leitungserwartungen

Was gelingt schon?

___

Was sollten wir verstärken?

___

Was ist uns wichtig, kommt aber bei uns zurzeit nicht vor?

___

Wo ergeben sich für die Zukunft konkrete Arbeitsaufträge?

___

Der Leitfaden hilft bei nachfolgenden Leitungssitzungen, bei entsprechenden Themen das gemeinsam Erarbeitete einzubringen.

3 Material für die Teilnehmenden

A   Leitung wahrnehmen

Leitungsstile entdecken, zuordnen, einsetzen

Als Leitende leiten wir Menschen in ganz unterschiedlichen Positionen. Diesen Positionen entsprechen vier unterschiedliche Leitungsrichtungen.

Jesus sagt in der Bergpredigt: *Behandelt die Menschen so, wie ihr selbst von ihnen behandelt werden wollt – das ist es, was das Gesetz und die Propheten fordern. (Matthäus 7, 12) (Gute Nachricht)*

Um sich über ein gutes Leitungsverhalten klar zu werden, hilft es, sich in die Position des Anderen zu begeben, der die Auswirkungen meines Verhaltens erlebt.

Leiten in vier Richtungen

1. Leiten nach unten

Es geht um mein Leitungsverhalten gegenüber denen, für deren Arbeitsbereich ich die Verantwortung trage.

Vom Geleiteten her gedacht stellt sich also folgende Frage:

Wie möchte ich als Mitarbeiter/in von meinem Leiter/meiner Leiterin geleitet werden?

2. Leiten zur Seite

Es geht um mein Leitungsverhalten gegenüber denen, mit denen ich mir die Leitungsverantwortung teile.

Normalerweise trage ich die Leitungsverantwortung nicht alleine. Ich arbeite in einem Team und der Arbeitsbereich steht in einem großen Kontext. Was ich tue, wirkt sich aus auf das, was andere tun.

Vom Mitleitenden her gedacht stellt sich also folgende Frage:

Wie möchte ich als Mitarbeiter/in von anderen Mitarbeitenden in ihre Entscheidungen eingebunden werden?

3. Leiten nach oben

Es geht um mein Verhalten gegenüber denen, die mich leiten und für meinen Bereich Leitungsverantwortung tragen.

Durch die Leitung meines Arbeitsbereiches setze ich Akzente, für die andere die Verantwortung tragen.

Vom Leitenden her gedacht stellt sich also folgende Frage:

Wie möchte ich gerne als Leiter/in von meinen Mitarbeitenden für ihre Ideen und Projekte gewonnen werden?

4. Sich selber leiten

Es geht um das Nachdenken über mein eigenes Leitungsverhalten.

Wer leitet, kann Leitung auch zu eigenen Zwecken missbrauchen und muss sich darum immer wieder über die Beweggründe für sein Verhalten klar werden.

Von denen, die mich leiten her gedacht, stellt sich also folgende Frage:

Wie sollen die, die mich leiten, ihr eigenes Leitungsverhalten kontrollieren und überprüfen?

Persönliche Fragen
zu den vier Leitungsweisen

Wie möchte ich als Mitarbeiter/in von meinem Leiter/meiner Leiterin geleitet werden?

___
___
___

Wie möchte ich als Mitarbeiter/in von anderen Mitarbeitenden in ihre Entscheidungen eingebunden werden?

___
___
___

Wie möchte ich gerne als Leiter/in von meinen Mitarbeitenden für ihre Ideen und Projekte gewonnen werden?

___
___
___

Wie sollen die, die mich leiten, ihr eigenes Leitungsverhalten kontrollieren und überprüfen?

___
___
___

3 Material für die Teilnehmenden

A   Leitung wahrnehmen

Unser Leitfaden für die Leitung

Wir wollen die, die uns anvertraut sind, leiten, indem wir ...
_____
_____
_____

Wir wollen andere Mitarbeitende in unsere Entscheidungen einbinden, indem wir ...
_____
_____
_____

Wir wollen die, die uns leiten, für unsere Projekte und Ideen gewinnen, indem wir ...
_____
_____
_____

Wir wollen unser eigenes Leitungsverhalten kontrollieren und überprüfen, indem wir ...
_____
_____
_____

Leitung wahrnehmen – Impulse

Auf verschiedenen Fortbildungen und Seminaren zu diesem Thema wurden viele nachdenkenswerte Antworten zusammengetragen. Eine Auswahl von Antworten wurden hier zusammengestellt.

Wir wollen die, die uns anvertraut sind, leiten, indem wir ...

... sie ermutigen sich einzusetzen, d.h.

- wir wollen ihnen helfen, ihre Gaben zu entdecken und sie bestärken, ihre Begabungen wahrzunehmen.
  Gott beruft durch uns Menschen in die Mitarbeit, ihnen selbst zur Freude, den Menschen zur Hilfe und Gott zur Ehre.

- wir wollen für sie Orte entdecken, an denen sie ihren Begabungen entsprechend arbeiten können. Es geht darum, Mitarbeitende aufgabenorientiert und gabenorientiert wahrzunehmen.

- wir wollen ihnen Verantwortung übertragen. Es ist ein Vertrauensbeweis, der Mitarbeitende ehrt!

... ihnen helfen sich zu entfalten, d.h.

- wir wollen ihnen Freiräume zur Entfaltung schaffen.
  Es geht darum, wahrzunehmen, dass Menschen sehr unterschiedlichen Freiraum brauchen, um sich in ihrer Mitarbeit zu entfalten.

- wir wollen ihnen den Rücken stärken und Misserfolge gemeinsam tragen.
  Es geht darum, den Erfolg den Mitarbeitenden zu lassen, bei Misserfolg die Verantwortung aber mitzutragen.

- wir wollen ihren Einsatz wahrnehmen und Rückmeldung geben.
  Es geht um Wertschätzung durch Lob und Kritik. Hierbei gilt besonders: „Ertappe die Mitarbeitenden, wenn sie gut sind". Nichts motiviert mehr.

- wir wollen sie um Rückmeldung bitten.
  Es geht um die Frage: Unterstütze ich dich genug in deiner Arbeit?

- wir wollen ihnen ausreichend Informationen bereitstellen (Transparenz).
  Mitarbeitende sollten über alles informiert sein, was für ihre Arbeit wichtig ist. Zurückhalten von Informationen entmündigt und hemmt.

- wir wollen ihnen Fortbildung ermöglichen.
  Mitarbeitende brauchen neue Impulse, Gedanken und Spezialwissen, um eine qualitativ gute Arbeit zu machen.

... sie miteinander verbinden, d.h.

- wir wollen gemeinsam Ziele und Strategien entwickeln. Gemeinsame Ziele einigen!

- wir wollen unterschiedliche Überzeugungen von Mitarbeitenden verbinden.

- wir wollen für eine organisatorische Verzahnung der gesamten Arbeit sorgen.

Wir wollen andere Mitarbeitende in unsere Entscheidungen einbinden, indem wir ...

... uns über unsere Arbeit auszutauschen, d.h.

- wir wollen die anderen über laufende Überlegungen, Geplantes und Durchgeführtes informieren. Wir sind nicht dafür verantwortlich, dass sich alle informieren, aber wir sind dafür verantwortlich, die Informationen bereitzustellen, damit sich alle informieren können.

... ihre Arbeit mittragen, d.h.

- wir wollen Anteil nehmen an der Arbeit der anderen. Es geht um Nachfragen, Zuhören und Mitdenken.
- wir wollen Veranstaltungen anderer Bereiche bewerben und besuchen.
- wir wollen sie vor Angriffen von außen, z.B. durch Gerede hinter dem Rücken, schützen (Loyalität).

... mit ihnen zusammenarbeiten, d.h.

- wir wollen die Berührungspunkte zwischen den Arbeitsfeldern wahrnehmen und auf eine gute Verzahnung achten.

Wir wollen die, die uns leiten, für unsere Projekte und Ideen gewinnen, indem wir ...

... ihnen Informationen bereitstellen, d.h.

- wir wollen im Voraus Leitende über die eigene Arbeit informieren. Hierzu gehören folgende Fragen: Was bewegt uns? Was haben wir vor? Was tun wir zur Zeit? Wie läuft unsere Arbeit?

... sie für eigene Ideen gewinnen, d.h.

- wir wollen sie frühzeitig in unsere Überlegungen einbeziehen. Leitende wollen für Ideen gewonnen werden. Auch in ihnen muss ein Gedanke erst wachsen. Dafür brauchen sie Bedenk- und Entscheidungszeit.
- wir wollen nach ihrer persönlichen Einschätzung der Situation fragen.
- wir wollen sie zu eigenen Lösungsvorschlägen ermutigen.

... offen sein wollen für Kompromisse, d.h.

- wir wollen ihre Gedanken in unser eigenes Konzept integrieren.
- wir wollen ihre Befürchtungen ernst nehmen.
- wir wollen die Verantwortung der Leitenden achten. Sie müssen das Ganze im Blick behalten, wo wir als Bereichsleitende einseitig denken dürfen.

Siehe auch Kapitel: „Umgang mit Widerständen!"

Wir wollen unser eigenes Leitungsverhalten kontrollieren und überprüfen, indem wir ...

... die eigenen Fallen entdecken, d.h.

- wir wollen die eigenen Schwächen im Umgang mit anderen ernst nehmen und uns im eigenen Handeln hinterfragen. Hierzu gehören z.B. Selbstgerechtigkeit, Empfindlichkeit, Perfektionismus, Einzelkämpfertum, Rechthaberei, Ehrgeiz.

... die eigenen Grenzen wahrnehmen, d.h.

- wir wollen akzeptieren, dass wir nicht alles können und nicht für alles Zeit haben.
  Vorsicht: Wer viel macht, macht schnell zu viel. Wer viel kann, kann oft nicht loslassen.
- Wir wollen Leute suchen, die uns in unserer Arbeit unterstützen oder Arbeiten abnehmen.

... die eigenen Ressourcen im Blick haben, d.h.

- wir wollen uns Phasen der Ruhe gönnen.
- wir wollen Fortbildungen in Anspruch nehmen.
- wir wollen unseren eigenen Visionstank füllen (das Herz am Brennen halten).
  Wir brauchen Orte und Veranstaltungen, die uns immer wieder vor Augen führen, warum wir unsere Arbeit machen. Im Alltagsgeschäft gerät das schnell aus dem Blick.

Beim Nachdenken über die Impulse zu den Leitungsebenen können folgende drei Fragen helfen:

1. Welche dieser Gedanken haben wir auch für uns entdeckt?
2. Welche dieser Gedanken ärgern mich?
3. Welche dieser Gedanken sollen wir aufnehmen?

3 Material für die Teilnehmenden

A Leitung wahrnehmen

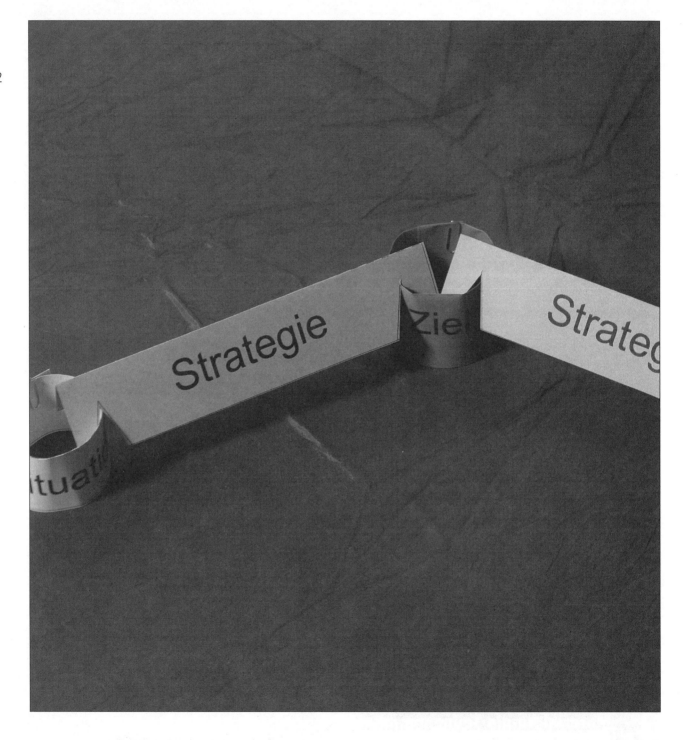

A   Leitung wahrnehmen
B   Projekte entwickeln
C   Veränderungsprozesse in Gang bringen

3 Material für die Teilnehmenden

Probleme ernst nehmen und den Auftrag ermitteln

Ein Projekt in kleinen Schritten zu planen, erscheint zunächst mühsam, zeitaufwändig und überflüssig. Aber wir werden erleben, dass die ersten, anscheinend so unwichtigen Schritte uns helfen, unsere Aufgabe zu erfüllen.

Das Problem untersuchen

Jedes Problem ist anders. Es ist gut, dem nachzugehen. Helfen kann folgende Frage:

Wie wird dieses Problem sichtbar?

Den Auftrag wahrnehmen

Menschen tragen Probleme an uns heran, von denen oft nicht klar ist, ob wir nur zuhören oder sie lösen sollen oder ob wir sie weiterreichen müssen. Es gilt zu klären:

Wozu werden wir mit diesem Problem konfrontiert?
Welcher Auftrag ergibt sich draus?

Den Auftragumfang ermitteln

Wo wir uns über Inhalt und Umfang des Auftrags nicht klar werden, kann es bei der Übernahme leicht zu fachlichen Überforderungen und zeitlicher Überlastung kommen. Es geht um die Frage:

Welchen Umfang hat der Auftrag?

Den Auftrag prüfen

Vier Entlastungsfragen können helfen:

Warum überhaupt? Ist dieser Auftrag es wert, beantwortet zu werden? – Wir können Aufträge auch ablehnen!

Warum gerade wir? Gibt es jemanden, der diesen Auftrag gleich gut oder besser ausführen kann als wir? Können wir jemanden bei der Durchführung dieses Auftrages unterstützen, damit er ihn in Zukunft an unserer Stelle ausführen kann?

Warum ausgerechnet jetzt? Ist es der richtige Zeitpunkt? Haben wir zurzeit Wichtigeres zu erledigen?

Warum in dieser Form? Gibt es für dieses Problem auch andere Aufträge, die sich als Lösungsweg besser anbieten?

Visionen entdecken und Situationen wahrnehmen

Mit der Vision beginnen

Wo wir zwischen Situation und Vision nicht genau unterscheiden, bleibt am Ende alles wie es ist. Wo Situation und Vision nicht aufeinander bezogen bleiben, wird die Vision zur unrealistischen Träumerei.

Die Situation ist oft vielschichtig und verwirrend, darum ist es sinnvoll, sich zunächst die Vision vor Augen zu führen. Danach gilt es, aus dem Blickwinkel der Vision die Situation zu untersuchen. Auf diese Weise können Ziele und Strategien bestimmt werden, die realistisch sind und zugleich visionäre Züge enthalten.

Kriterien für eine Vision: Das Spitze-Modell

Visionen schaffen eine neue Wirklichkeit. Sie helfen Menschen, sich von der augenblicklichen Situation zu lösen und neue Ziele und Wege zu bestimmen, die über den Horizont der Situation hinausgehen.

Damit Menschen einer Vision folgen können, muss diese Vision spitze sein:

Sinnlich: Bei der Beschreibung einer Vision muss etwas in unseren Gefühlen ausgelöst werden. Besonders bei Widerständen spielt dieser emotionale Faktor eine große Rolle.

Grundelement: Visionen wollen gehört, gerochen, geschmeckt, gefühlt, gesehen – mit anderen Worten: erlebt werden.

Positiv: Es geht um die Frage: „Wofür wollen wir uns einsetzen?" Eine „So-darf-es-auf-keinen-Fall-werden-Vision" motiviert nicht. Sie hilft nicht, nach vorne zu denken. Sie entwertet das Alte und bleibt zugleich am Alten orientiert.

Grundansatz: Wir sind nicht gegen etwas, sondern für etwas!

Integrierend: Eine Vision sollte so gestaltet sein, dass sich möglichst viele mit ihren Gedanken, Ideen und Sehnsüchten in dieser Vision wiederfinden und sie so zu ihrer eigenen Vision machen können.

Grundgefühl: Das ist unsere Vision!

Treffend: Möglichst sichtbar vor Augen malen: Was sehen wir, das in der Zukunft entstehen soll?

Aufgabe: Konkrete Bilder vor Augen malen, wie es sein wird, wenn wir diese Vision erreicht haben.

Zeitlich bestimmt: Es muss klar sein, in welchem Zeitraum die Vision erreicht werden soll.

Frage: Wann wird diese Vision Wirklichkeit sein?

Eigenständig erreichbar: Diese Vision muss mit den Möglichkeiten derer, die diese Vision entwickelt haben, erreichbar sein. Hierin unterscheiden sich Visionen von Träumen und Wünschen.

Kriterium: Welche Faktoren lassen sich trotz eigenen Bemühens nicht verändern?

Die Situation untersuchen

Von der gewonnen Vision her wird nun die Situation untersucht. Hierbei können vier Fragen helfen:

Was sind im Hinblick auf das Erreichen unserer Vision ...

1. ... unsere Stärken?

Es geht um unsere Fähigkeiten, Begabungen, Kenntnisse, auf die wir unmittelbar zurückgreifen können.

2. ... unsere Schwächen?

Es geht um unsere Begrenzungen in unseren Fähigkeiten, Begabungen und Rahmenbedingungen, auf die wir unmittelbar Einfluss haben und auf die wir stoßen, wenn wir etwas in diese Richtung beginnen wollen.

3. ... unsere äußeren Chancen?

Es geht um Gegebenheiten, auf die wir nicht unmittelbar Einfluss haben, die uns aber in unseren Aktivitäten begünstigen werden.

4. ... äußere Hindernisse?

Es geht um die Gegebenheiten, auf die wir nicht unmittelbar Einfluss haben, die uns aber in unseren Aktivitäten behindern werden.

Theologische Leitlinien

In der Gemeinde entwickelte Visionen entstehen nicht im luftleeren Raum. Sie sind geerdet in dem Auftrag, den Gott seinem „Bodenpersonal" gibt.

Der Rahmen

Micha 6,8: Es ist dir gesagt, Mensch, was gut ist, und was der Herr von dir fordert, nämlich Gottes Wort halten und Liebe üben und demütig sein vor deinem Gott.

Vgl. Luthers Auslegung im Kleinen Katechismus zum ersten Gebot:
Wir sollen Gott über alle Dinge fürchten, lieben und vertrauen.

Die Zuspitzung

Lukas 10, 27: Du sollst Gott deinen Herrn, lieben von ganzem Herzen, von ganzer Seele, von allen Kräften und von ganzem Gemüt und deinen Nächsten wie dich selbst.

Vgl. die zweite These der Barmer Theologischen Erklärung:
Wie Jesus Christus Gottes Zuspruch der Vergebung aller unserer Sünden ist, so und mit gleichem Ernst ist er auch Gottes kräftiger Anspruch auf unser ganzes Leben.

Die Botschaft

Matthäus 28,19 u. 20a: Darum gehet hin und machet zu Jüngern alle Völker; tauft sie auf den Namen des Vaters und des Sohnes und des heiligen Geistes und lehret sie halten alles, was ich euch befohlen habe.

Vgl. die sechste These der Barmer Theologischen Erklärung:
Der Auftrag der Kirche, in welchem ihre Freiheit gründet, besteht darin, an Christi Statt und also im Dienst seines eigenen Wortes und Werkes durch Predigt und Sakrament die Botschaft von der freien Gnade Gottes auszurichten an alles Volk.

Das Ziel

1. Timotheus 2,4: Gott will, dass allen Menschen geholfen werde und sie zu Erkenntnis der Wahrheit kommen.

Das Versprechen

Offenbarung 21,1a: Und ich sah einen neuen Himmel und eine neue Erde; denn der erste Himmel und die erste Erde vergingen (...). Und der auf dem Thron saß sprach: Siehe ich mache alles neu!

(Alle Bibelstellen sind aus der Lutherbibel zitiert.)

3 Material für die Teilnehmenden

Ziele bestimmen und Strategien entwickeln

Bei der Auswahl der Ziele die Vision vor Augen haben

Zunächst gilt es zu überlegen, wohin wir uns aufmachen. Von der Vision und der Situation her müssen wir konkrete Ziele auswählen, die helfen, die Vision zu erreichen. Im Bild gesprochen: Damit wir am Ufer der Vision auch ankommen, gilt es die einzelnen Brückenpfeiler zwischen dem Ufer der Situation und dem Ufer der Vision zu benennen, bevor wir dann die Brückenstücke der Strategie verlegen können.

Der Vorteil klarer Ziele

Sie helfen einen Teamgeist zu entwickeln. Sie begrenzen die zu erledigende Aufgabe im Umfang. Sie steigern die Motivation der Beteiligten.

Zieldefinition nach Smart

Spezifisch: Kann das Ziel klar beschrieben werden? Wie sieht die Situation nach dem Erreichen des Ziels aus?

Messbar: Wo wird das Erreichen des Zieles sichtbar? Gibt es ein klar messbares Vorher und ein Nachher?

Attraktiv: Setzt dieses Ziel bei uns Kräfte frei? Ist das Ziel so motivierend, dass es auch bei Widerstand im Blick bleibt?

Realistisch: Können wir das gesetzte Ziel eigenständig erreichen? Gibt es entsprechende Begabungen, Fähigkeiten, Rahmenbedingungen und Mittel, um dieses Ziel zu erreichen?

Terminiert: Bis wann wollen wir dieses Ziel erreichen? Gibt es einen genauen Zeitpunkt, bis wann das Ziel erreicht werden soll?

Entwickeln einer Strategie

Ausgangspunkt bilden die Ergebnisse der Situationsuntersuchung. Sie werden nun unter folgenden Fragen miteinander in Beziehung gebracht:

1. Wie können wir mit unseren Stärken den inneren Schwächen entgegenwirken, um das Ziel zu erreichen?

2. Wie können wir mit unseren äußeren Chancen den äußeren Hindernissen entgegenwirken?

3. Wie können wir mit unseren Stärken die äußeren Chancen nutzen?

Die auf diese Weise ermittelten Antworten ergeben mögliche Strategien.

Festhalten der Ergebnisse (Die 4 W-Fragen)

Bei der Durchführung von Strategien helfen folgende Fragen:

Wer macht **w**as bis **w**ann mit **w**em?

3 Material für die Teilnehmenden

B   Projekte entwickeln

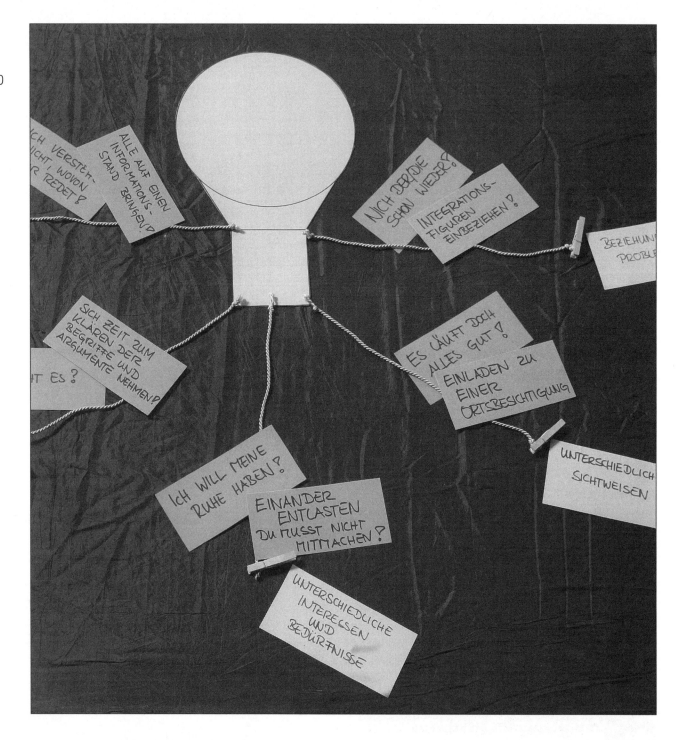

A   Leitung wahrnehmen
B   Projekte entwickeln
C   Veränderungsprozesse in Gang bringen

3 Material für die Teilnehmenden

Umgang mit Widerständen – „Ein Projekt zum Fliegen bringen!"

Ursachen von Widerständen wahrnehmen

Um den Widerständen auf die Spur zu kommen, kann zwischen folgenden Faktoren grob unterschieden werden:

1. Faktor: Unterschiedlicher Informationsstand

Klärungsfrage: Haben Sie alle die Situation vor Augen, die den Hintergrund unserer Diskussion bildet?

2. Faktor: Kommunikationsprobleme

Klärungsfrage: Wo haben Sie konkrete Fragen oder Anfragen zu Begriffen oder Argumentationen?

3. Faktor: Unterschiedliche Interessen und Bedürfnisse

Klärungsfrage: Was lösen diese Gedanken bei Ihnen aus?

4. Faktor: Unterschiedliche Sichtweisen

Klärungsfrage: Welche Gedanken, Fragen, Konsequenzen sollten wir mit im Blick haben?

5. Faktor: Beziehungsprobleme

Klärungsfrage: Wie können wir die Entscheidungsträger und -trägerinnen an der Entwicklung des Konzeptes beteiligen?

Wichtig: Die unterschiedlichen Faktoren werden im Prozess der Meinungsbildung immer wieder auftauchen. Sie sind sozusagen treue Begleiter auf dem Weg der Entscheidungsfindung. Es gilt, sie als Chance zu begreifen. Sie geben der entwickelten Konzeption die nötige Bodenhaftung.

Die vier Phasen im Umgang mit Widerständen

Die Vorstellung und Diskussion von neuen Projekten und Ideen kann in vier Phasen unterteilt werden. Sie sind nicht statisch zu verstehen, sondern gehen ineinander über.

1. Phase: Widerständen Zeit geben

Tipp: Besonders nach der ersten Vorstellung einer Idee sollten wir ermutigen und Raum geben, Widerstände zu äußern. Hierbei gilt die Regel: Widerstände werden zunächst gehört und nicht kommentiert.

Fragen: Welche Widerstände gibt es?
Wie viele der Teilnehmenden unterstützen diese Widerstände?

2. Phase: Widerstände als Wegweiser ernst nehmen

Tipp: Eine Pause in der Beratung ist hier sinnvoll. Dies ermöglicht, noch einmal aus dem Abstand heraus über das Gehörte nachzudenken. Es ist hilfreich, Phase 1 und 2 auf zwei verschiedene Sitzungen zu verteilen.

Fragen: Welche Widerstände lassen sich ausräumen?
Ist diese Idee/Konzeption wirklich gut und jetzt dran?

3. Phase: Widerstände begrüßen

Tipp: Im weiteren Verlauf der Diskussion sollten wir immer wieder überlegen, inwieweit Widerstände das Konzept verbessern.

Fragen: Was können wir aus den Widerständen lernen?
Was müssen wir an der Idee/Konzeption ändern?

4. Phase: Widerstände durch Kompromisse integrieren

„Ein Kompromiss ist eine Vereinbarung zwischen zwei Parteien, mit denen beide gleich unzufrieden sind." (Henry Kissinger).

Tipp: Gemeinsam wird beraten, welche Widerstände überwunden werden können und welche nicht. Das Ziel ist, dass alle das Ergebnis mittragen.

Fragen: Wie können wir die Gefühle hinter den Widerständen aufnehmen?
Welche Widerstände müssen wir als Anfrage stehen lassen?

Aufbrüche wagen – das Glockenkurvenprinzip

„Wenn wir das, was wir tun, so tun, wie es die Alten getan haben, tun wir es eben nicht so, wie die Alten es getan haben." (Verfasser unbekannt)

Darum ist es gut, in regelmäßigen Abständen zu fragen:

1. Warum haben die Gründer und Gründerinnen diese Arbeit damals so begonnen? Wie war die Situation? Auf welche Möglichkeiten konnten sie zurückgreifen?
2. Was hat sich seitdem verändert?
3. Wie würden die Gründer und Gründerinnen heute diese Arbeit machen, wenn sie diese neu erfinden müssten?

Entwicklungsstufen einer Gemeinschaft und ihre Veränderungsbereitschaft

Geburt: Alles ist in Bewegung

Die ganze Konzentration gilt der augenblicklichen Situation. Es gibt viel Raum zum Ausprobieren. Fehler werden als Chance gesehen.

Das Grundgefühl ist Begeisterung: „Nichts ist unmöglich!"
Veränderungen sind kein Problem.

Grundfrage: Was ist jetzt dran?

Frühe Anfänge: Strukturen und Grundideen sind beweglich

Inhaltliche und strukturelle Grundsätze werden entwickelt. Was sich nicht bewährt, wird fallengelassen. Kritik wird als Chance zur Verbesserung gesehen.

Das Grundgefühl ist: Veränderung tut uns gut.
Sehr gute Voraussetzungen für Veränderungen

Problem: Einige wünschen sich endlich Ruhe und Beständigkeit.

Grundfrage: Wie können wir das, was wir tun, noch besser machen?

Reifezeit: Erreichtes wird bewahrt

Von den Grundsätzen aus wird die aktuelle Situation beurteilt.
Das Grundgefühl sagt: Es läuft richtig gut.
Gute Voraussetzungen für Veränderungen

Die Unruhe des Aufbruches ist überwunden, die Orientierung an der Vergangenheit aber noch nicht ausgeprägt.

Problem: Der gegenwärtige Erfolg in der Arbeit wird zum Gegenargument. Die Situation wird nur noch unscharf wahrgenommen.

Grundfrage: Wie können wir das Gute sichern?

Konservierung: Tradition ist wichtiger als Anfragen der Situation

Die Tradition wird zum Ausleger der Grundsätze. Die Umsetzungsmodelle der Vergangenheit legen fest, wie die Grundsätze heute zu verstehen sind.

Neues wird als Kritik an der geleisteten Arbeit gesehen.
Das Grundgefühl ist: Wir brauchen Sicherheit für unsere Arbeit.

Grundfrage: Warum ist jetzt plötzlich das Alte schlecht?

Erstarrung: Tradition ist alles

Die Tradition hat die Grundsätze ersetzt und wird nicht mehr hinterfragt.

Es gibt keinen „Kontakt" mehr zur augenblicklichen Situation.
Die Kritik ist verstummt oder wird als persönlicher Angriff wahrgenommen.
Das Grundgefühl ist: Das haben wir immer schon so gemacht!

Es gibt keine Fragen mehr!

In der Gefrier- und besonders in der Erstarrungszeit sind Veränderungen kaum möglich

Problem: Veränderungen einzuleiten kostet sehr viel Kraft und der Weg ist meist von großen Verletzungen und Missverständnissen gezeichnet.

Wichtige Beobachtung

Besonders in der Anfangs- und Endzeit einer Gemeinschaft spielt die gefühlsmäßige Ebene eine größere Rolle als die verstandesmäßige. Bei der Geburt einer Gruppe setzt diese große Kräfte frei, etwas Gewaltiges zu wagen. In der Gefrier- und Erstarrungszeit wecken Veränderungen Ängste, die es schwer machen, Argumente wahrzunehmen.

In einer Gemeinde gibt es unterschiedlichste Kreise, die sich in verschiedenen Phasen befinden. Gut ist es, wenn Aufbrüche in den einzelnen Bereichen miteinander koordiniert werden und sich gegenseitig zu neuen Aufbrüchen verlocken. Es gilt: Kontinuität ohne Flexibilität führt zur Erstarrung. Flexibilität ohne Kontinuität führt zum Chaos.

Methoden zur Entscheidungsfindung

„Gewinner brauchen keinen Frieden. Verlierer geben keinen Frieden."
(Verfasser unbekannt)

„Ein Kompromiss ist eine Entscheidung, mit der beide Parteien gleich unzufrieden sind."
(Henry Kissinger)

„Es ist gut, wenn die Mehrheit warten kann, bis die Minderheit nachkommt."
(Verfasser unbekannt)

Situation

Eine knappe Mehrheitsentscheidung oder einer Entscheidung, die ein Teil des Leitungskreises absolut ablehnt, kann die Atmosphäre eines Leitungsteams stark belasten und zu Bildung von Fraktionen im Leitungskreis führen.

Um Zustimmung werben

Die Methode der Entscheidungsfindung entscheidet mit darüber, inwieweit auch bei gegensätzlichen Überzeugungen eine Entscheidung von den Kritikern und Kritikerinnen mitgetragen wird. Zeichnet sich bei der Beratung eine stark unterschiedliche Einschätzung ab, bieten sich folgende Schritte bei der Entscheidungsfindung an:

1. Bündelung der verschiedenen Überzeugungen

Zunächst wird gemeinsam darum gerungen, möglichst viele Überzeugungen miteinander zu verbinden. Das Ziel ist die Reduzierung auf wenige alternative Überzeugungen.

2. Positive Gewichtung der gebündelten Meinungen

Es geht nun darum zu ermitteln, welche Überzeugungen von möglichst vielen Teilnehmenden mitgetragen werden. Hierbei geht es um eine positive Bewertung der Überzeugungen. Es geht um die Frage: „Welche Überzeugungen kann ich mittragen?" (und nicht „Welche Überzeugungen kann ich nicht mittragen?") Diese Methode der „wertschätzenden Erkundung" versucht, im Meinungsbildungsprozess das Verbindende und nicht das Trennende zu stärken.

Methode: Bepunkten der Überzeugungen

3. Ermittlung einer Tendenz

Bei stark konkurrierenden Meinungen hilft die Ermittlung von Meinungstendenzen. So wird untersucht, welche Überzeugungen tendenziell am ehesten von allen mitgetragen werden können.

Methode: Meinungsstrahl – Wie stark tendieren wir zu einer der beiden Meinungen? Meinungsdreieck: Wie stark tendieren wir zu einer der drei Meinungen?

4. Was könnte den Kritikern und Kritikerinnen helfen, die Entscheidung mitzutragen?

Methode: Gespräch – Was müsste geschehen, damit alle diese Entscheidung mittragen können? Inwieweit können Bedenken, die im Raum stehen, in die Konzeption eingebunden werden?

3 **Material für die Teilnehmenden**

C   **Veränderungsprozesse in Gang bringen**

Schluss-
bemerkungen

Persönliche Beobachtungen zu 2. Mose 2, 1–10

Trotz aller Schulung und Beratung geraten wir bei der Planung von Projekten – wie sie z.B. in diesem Arbeitsbuch vorgeschlagen werden – immer wieder an Grenzen. In den vielen Jahren im Gemeindedienst habe ich wiederholt erlebt, dass eigene Vorstellungen und Ideen auf großen Widerstand stießen und zerschellten.

Das lag vor allem an gegenseitigen Verletzungen, die in einer Zusammenarbeit nicht ausbleiben, sowie an Ängsten und Machtspielen. Bei der Beschäftigung mit diesem Problem fand ich am Anfang des 2. Buchs Mose eine Geschichte, die mir als Beispielgeschichte einen neuen Weg aufzeigte.

Im ersten Kapitel wird uns berichtet, dass die Israeliten in Ägypten zu zahlreich wurden. Daraufhin führt der Pharao eine brutale Geburtenkontrolle ein. Alle männlichen Nachkommen sollten sofort nach der Geburt umgebracht werden. Im 2. Kapitel wird nun berichtet, wie Mose dennoch überlebt.

Die Art und Weise, wie dies geschieht, lässt sich bildlich auf die Entwicklung einer Idee in einem konflikthaften Umfeld übertragen.

V. 2 (...) die Frau wurde schwanger und brachte einen Sohn zur Welt. Als sie sah, dass es ein gesundes, schönes Kind war, hielt sie es drei Monate lang versteckt.

Eine Idee braucht persönliche Pflege.

Gute Ideen müssen gut behütet und entwickelt werden. Aus einer Idee muss eine Konzeption werden.

V. 3 Länger konnte sie das Kind nicht verbergen. Deshalb besorgte sie sich ein Kästchen aus Binsen, dichtete es mit Pech ab, so dass es kein Wasser durchließ, und legte das Kind hinein. Dann setzte sie das Kästchen ins Schilf am Ufer des Nils.

Durch das Loslassen von Konzepten überleben Gedanken.

Irgendwann werden diese Konzeptionen zu groß. Sie werden nach außen getragen, irgendwo gehört und wahrgenommen. Oft überleben gute konzeptionelle Gedanken nicht, weil ihre „Väter" und „Mütter" sie zu sehr an sich binden. Sie werden mit ihnen identifiziert. Werden die Personen abgelehnt, ist das Überleben der Konzepte in Gefahr.

Die Mutter des Mose geht einen anderen Weg. Sie löst das Kind von ihrer Person. Sie hat ihren Teil getan. Was jetzt zu tun ist, steht nicht mehr in ihrer Hand. Sie legt es in ein Kästchen. Sie vertraut das Kind Gott an. Er wird es retten.

Übertragen heißt das: Wir legen Gedanken und Konzepte in Gottes Hand, setzen sie auf dem Fluss des Gemeindelebens aus und lassen sie vom Strom des Gemeindealltags treiben. Wir erzählen überall von der Not, die wir sehen. Wir stellen Fragen, deren Antworten zu dieser Konzeption führen können. Wir weisen auf Situationen hin, die herausfordern, ähnliche Ideen zu entwickeln.

V. 4 Die Schwester des Kindes versteckte sich in der Nähe, um zu sehen, was mit ihm geschehen würde.

Nichts ist so mächtig wie eine Idee, deren Zeit gekommen ist.
Ist eine Idee „dran" und gibt Gott seinen Segen hinzu, werden auch andere dieselben Schlüsse ziehen und auf ähnliche Ideen kommen.

V. 5-6 Da kam die Tochter des Pharaos an den Nil, um zu baden. Ihre Dienerinnen ließ sie am Ufer zurück. Auf einmal sah sie das Kästchen im Schilf. Sie schickte eine Dienerin hin, um es zu holen. Als sie es öffnete, fand sie darin einen weinenden Säugling, einen kleinen Jungen. Voller Mitleid rief sie: »Das ist einer von den Hebräerjungen!«

Ideen können überleben, wenn andere sie aufgreifen.
Dabei müssen wir uns immer wieder klarmachen, dass auch wir diese Ideen (von Gott) geschenkt bekommen haben. Auch gilt es, sich vor Augen zu führen, dass das „Aufwachsen" dieser Ideen von der Pflege anderer abhängt.

V. 7-9 Die Schwester des Kindes kam aus ihrem Versteck und fragte: »Soll ich eine hebräische Frau rufen, die das Kind stillen kann?« »Ja, tu das!«, sagte die Tochter des Pharaos. Da holte das junge Mädchen die Mutter des Kindes, und die Tochter des Pharaos sagte zu ihr: »Nimm dieses Kind und stille es für mich! Ich werde dich dafür bezahlen.« So kam es, dass die Frau ihr eigenes Kind mit nach Hause nehmen und stillen konnte.

Wir dürfen am Wachstum der Ideen Anteil haben.
Wo wir Ideen und Gedanken loslassen und andere sie finden, entsteht eine Grundlage für gute Zusammenarbeit.

V. 10 Als der Junge groß genug war, brachte sie ihn wieder zurück. Die Tochter des Pharao nahm ihn als ihren Sohn an. Sie sagte: »Ich habe ihn aus dem Wasser gezogen.« Darum gab sie ihm den Namen Mose.

Das Begleiten der Ideen wird vom Loslassen geprägt sein.
Aufgrund anderer „Väter" und „Mütter" entwickeln sich die Konzepte manchmal anders. Manches wird uns nicht gefallen. Aber wo wir der Kraft der Ideen und der Macht Gottes vertrauen, werden wir erleben, wie es über Umwege zu einem guten Ende kommt.

Geistlich kompetent leiten

Geistlich kompetent leiten ist Auftrag und Herausforderung, notwendig und verbesserungsfähig.

Geistlich kompetent leiten gehört zusammen wie fromm und fähig.

Geistlich kompetent leiten ist kein Selbstzweck, sondern ein Dienst, damit Gott geehrt und Gemeinde Jesu Christi erkannt wird, damit die vielfältigen Gaben entdeckt und so eingesetzt werden, dass sie einander ergänzen und zusammenspielen, um Freude zu wecken, das Potenzial der Gemeinde effektiv zu nutzen und missionarisch mobiler, also tauglicher für den Auftrag, zu werden.

Geistlich kompetent leiten bedeutet, achtsam und behutsam und entschieden zu sein.

Geistlich kompetent leiten lebt vom aufmerksamen Hören und Sehen: „Siehe, ich will ein Neues schaffen. Schon wächst es auf. Erkennt ihr's denn nicht?"

Geistlich kompetent leiten bedeutet, die Luft zu riechen, die atmen lässt oder zum Schneiden dick ist, und zu spüren, was fade schmeckt oder Appetit anregt.

Geistlich kompetent leiten bedeutet, Veränderungen anzugehen, sie aber auch planend und behutsam in Angriff zu nehmen, nichts durchzudrücken, sondern nach dem Konsens zu suchen.

Geistlich kompetent leiten muss geübt werden von denen, die dazu gewählt und berufen sind und die hoffentlich entsprechende Gaben und innere Lust mitbringen.

Mit dem Arbeitsbuch: „Inspiriert leiten" hat Tobias v. Boehn eine wunderbare Anleitung und Hilfe zum Einüben vorgelegt, das ich über die Kirche des Rheinlands hinaus gern weiterempfehle.

Ich entdecke hier die nötige geistliche Grundeinstellung: wir machen nicht christliche Gemeinde, wir leiten als Beauftragte Christi.

Ich entdecke die nötigen Grundkenntnisse für das Leiten und Unterstützung, das Erkannte zu erproben und dadurch die Kultur des geistlichen Leitens zu fördern.

Ich freue mich darauf, mit diesem Buch zu arbeiten.

Hans-Martin Steffe, Kirchenrat,
Leiter des Amtes für missionarische Dienste
der Evangelischen Landeskirche in Baden

Ein herzlicher Dank gilt ...

... Peter Glöckl, Herbert Großarth, Helmut Keiner, Armin Kistenbrügge, Dr. Visnja Lauer, Bianca Neuhaus, Udo Otten, Hans-Hermann Pompe, Luise Ruffer, Birgit Schilling, Sabine Schmitz, Dr. Heinrich Silber, Valentina Trützschler, Irmgard Weth und Dr. Rudolf Weth, die durch Kritik und Ideen dem Buch die nötige Bodenhaftung gaben.

- ... Frank Rheinhold für seine wunderschönen Fotos.
- ... Thomas Plassmann für die treffende Karikatur.
- ... Michael Herbst und Hans-Martin Steffe für ihre Beiträge
- ... Andreas Darda und Tanja Hoffmann für das Layout.
- ... Peter Köpper für die Bastelanleitungen.
- ... Michael Schmidt für das Layout der Präsentationsfolien.

Es hat sehr viel Freude gemacht, mit Euch zusammenzuarbeiten!

Zum Autor

Tobias v. Boehn, Jahrgang 1960, verheiratet, drei Kinder, Studium der Theologie in Tübingen und Wuppertal, Vorsitzender des Arbeitskreises missionarische Kirche (www.ekir.de/amk). Vikariat in Oberhausen. Gemeindepfarrer seit 1992 in Moers mit Schwerpunkt Jugend-, Junge Erwachsenen- und Hauskreisarbeit. Weiterbildung zum Coach im Gemeindebereich. Von 2004–2007 neben seiner Gemeindearbeit mit Beschäftigungsauftrag beim Amt für Gemeindeentwicklung und missionarische Dienste tätig. Seine Arbeitsfelder waren hier die Entwicklung von Glaubensangeboten, kreative Gottesdienste und das Coaching von Leitenden.

Weitere Veröffentlichungen:

Werkwinkel, ein kreatives Glaubensangebot
Leben im Angesicht des Vaters, ein Einkehrkurs

Anhang

Fußnoten

Die Fortbildungseinheiten sind durch folgende Literatur inspiriert worden.

(Die Anfangszahlen entsprechen den Anmerkungen im Text.)

Zur Einheit: Leiten als Chance und Verantwortung

1. Zu dem Impuls „Spielregeln": Vgl. Ralf Besser, Transfer: Damit Seminare Früchte tragen, Weinheim und Basel, 2004, S. 18 ff

Zur Einheit: Erwartungen als Arbeitsauftrag

2. Zu dem Impuls „Erwartungen": Vgl. Jan Hendriks, Gemeinde von morgen gestalten, Gütersloh, 1996, S. 40, vgl. auch: S. 41ff, S. 57ff, S.81ff, 134ff, S.156 ff

Zur Einheit: Leitungsstile entdecken, zuordnen, einsetzen

3. Zu dem Impuls „Leiten in vier Richtungen": Vgl. Bill Hybels, Mutig führen, Asslar 2005 (3. Auflage), S. 203 ff

Zur Einheit: Projekte entwickeln

4. Zu der Fortbildungseinheit „Projekte entwickeln": Vgl. Michael Noss, Aufbrechen – verändern – gestalten, Wuppertal und Kassel, 1999, S. 50ff

5. Zu dem Impuls „Langsamer geht schneller:" Vgl. Vera F. Birkenbihl, Englisch für Einsteiger, Bergisch Gladbach, S. 17

Zur Einheit: Visionen entdecken und Situationen wahrnehmen

6. Zu dem Impuls „Hilfe für die Entwicklung von Visionen": Vgl. Herbert Großarth, „Als Leiter Visionen entwickeln" in „Kirche neu verstehen", Holzgerlingen, 2005, S. 34

7. Zu dem Impuls „Die Situation untersuchen" vgl. die SWOT-Analyse: Michael Noss, Aufbrechen – verändern – gestalten, Wuppertal und Kassel, 1999, S. 55ff (Schaubild siehe Download).

Zur Einheit: Umgang mit Widerständen – „Einen Ballon zum Fliegen bringen"

8. Zu dem Impuls „Ursachen von Widerständen wahrnehmen" vgl. das Eisbergmodell: Christoph Besemer, Mediation – Vermittlung in Konflikten, Baden, 1997 (4. Auflage). Am Beispiel eines Eisbergs veranschaulicht Christoph Besemer, dass neun Zehntel eines Sachkonfliktes im Verborgenen liegen (Schaubild siehe Download).

Zur Einheit: Aufbrüche wagen – das Glockenkurvenprinzip

9. Zu dem Impuls „Entwicklungsstufen einer Gemeinschaft" vgl. das Glockenkurvenprinzip: Richard Rohr, Der nackte Gott, München, 1989 (3. Auflage), S. 45ff; Michael Noss, Aufbrechen – verändern – gestalten, Wuppertal und Kassel, 1999, S. 23 ff. Da die Entwicklung einer Gemeinschaft in der Form einer Glocke abgebildet werden kann, spricht man hier von dem Glockenkurvenprinzip.

Didaktische Randnotizen

zu den Fußnoten 10 und 11

10. Metaplankarten ...

... sind gedritteltes ca. 160 g schweres DIN A4-Papier.

Vorteil: Sie haben eine größere Schreibfläche als Karteikarten. Die Dicke des Papiers verhindert ein Durchdrücken des Eddings. Für die Lesbarkeit ist es wichtig, dass auf diese Karten groß und deutlich etwa zwei bis drei Worte mit einem Edding 3000 geschrieben werden. Es gilt:
Für jeden Gedanken gibt es eine neue Karte.

Vorteil: Nach einer Phase des Sammelns können die Karten zu Gruppen geordnet werden.

11. Bei einer Mindmap ...

... steht ein Begriff in der Mitte einer Flipchart. Unter einer bestimmten Fragestellung wird über den Begriff nachgedacht und zwar so, dass alle Gedanken im Uhrzeigersinn sternförmig um den Begriff aufgeschrieben und mit Linien mit dem Begriff in der Mitte verbunden werden.

Um jeden der äußeren Begriffe können wiederum Gedanken sternförmig aufgeschrieben werden.

Vorteil: Auf diese Weise kann ein Problem in seiner Komplexität wahrgenommen werden.

Weitere hilfreiche Arbeitsmaterialien für Leitungsgremien

Zum Auftrag der Kirche

„Missionarische Volkskirche" – Hearing am 24.08.2006

Im August 2006 fand ein Hearing des „Arbeitkreises Missionarische Kirche" (AMK) mit dem Präses der EKiR Nikolaus Schneider statt. Auf acht Fragen zum missionarischen Auftrag der Volkskirche wurden in Arbeitsgruppen Antwortversuche formuliert.

Die acht Fragen können einem Leitungsgremium helfen, eigene Antworten zu formulieren. Die Antwortversuche der Arbeitsgruppen fordern zur eigenen Positionierung heraus. Die vier Referate im Anhang führen in das Thema aus verschiedenen Perspektiven ein.

Umfang: Heft DIN A4, 15 Seiten
Preis: 1,00 € (zzgl. Versandkosten)

Bestellungen:

Amt für Gemeindeentwicklung und
missionarische Dienste (gmd)
Evangelischen Kirche im Rheinland
Missionsstraße 9a, 42285 Wuppertal
Tel. 0202/2820-403, Fax. 0202/2820440
gmd@ekir.de, www.ekir.de/gmd

Zum Entdecken der eigenen Aufgabe in der Gemeinde

„Mitarbeiten am richtigen Platz" und „SMS. So macht Mitarbeiten Spaß"

Silke Obenauer

Die Evangelische Landeskirche in Baden hat einen Kurs entwickelt, der Gemeinden dabei unterstützt, dass ihre ehrenamtlichen Mitarbeiter/innen gemäß ihrer Begabungen mitarbeiten. Dieser Kurs hilft Ehrenamtlichen dabei, ein Aufgabengebiet zu finden, das zu ihnen und ihren Begabungen passt. Bestandteile des Kurses sind ein Seminar, das an zwei Abenden bzw. Nachmittagen abzuhalten ist, und ein Auswertungsgespräch.

Im Seminar erarbeiten die Teilnehmenden, was die Bibel über Begabungen sowie über den Zusammenhang von Begabungen und Mitarbeit sagt. Außerdem vertiefen die Teilnehmenden ihre Kenntnisse über ihre Persönlichkeit: Sie denken mit Hilfe von Fragebögen und offenen Fragen darüber nach, wo ihre ganz persönlichen Begabungen liegen und was ihre besonderen Interessen sind (d. h.: bestimmte Personengruppen oder Themen) – und wie sie dies in ihrer Mitarbeit umsetzen können. Im Auswertungsgespräch bespricht der Teilnehmer mit einem Berater die Ergebnisse aus dem Seminar und findet entweder eine neue Aufgabe in der Gemeinde, die zu ihm passt, oder er bestätigt seinen Platz, wenn er schon am passenden Ort mitarbeitet.

Dieser Kurs zur gabenorientierten Mitarbeit existiert in einer Form für Erwachsene („Mitarbeiten am richtigen Platz") und in einer Version für Jugendliche („SMS. So macht Mitarbeiten Spaß"). Für beide Kurse gibt es jeweils ein Heft für Teilnehmer/innen.

Außerdem gibt es eine Arbeitshilfe gemeinsam für beide Kurse mit didaktisch-methodischen Hinweisen zur Gestaltung der Seminare, Erläuterungen zum theologischen Hintergrund, Hinweisen zur Einführung und Umsetzung des Kurses in der Gemeinde und Hinweisen zum Führen der Auswertungsgespräche. Der Arbeitshilfe ist eine CD-ROM beigelegt mit weiteren Materialien, die zur Durchführung hilfreich sind (z. B. Vorlage für Einladungsflyer, Folien zur Gestaltung der Seminarabende usw.)

Arbeitshilfe zu „Mitarbeiten am richtigen Platz" und „SMS. So macht Mitarbeiten Spaß" Preis: 5 €

Teilnehmerheft für Erwachsene
„Mitarbeiten am richtigen Platz" Preis: 5 €

Teilnehmerheft für Jugendliche
„SMS. So macht Mitarbeiten Spaß" Preis: 5 €

Bestellungen:

Amt für Missionarische Dienste in Baden (amd)
Blumenenstr. 1–7, 76133 Karlsruhe
Tel. 0721/9175-310, Fax. 0721/9175-313
amd@ekiba.de, www.ekiba.de/amd

Zur Gemeindeentwicklung

Arbeitsbuch – Die neue Reformation 12 Schritte für eine zukunftsfähige Gemeinde

Hrsg. H.-H. Pompe; Klaus Douglass

„Die neue Reformation. 96 Thesen zur Zukunft der Kirche" erschien im Kreuz Verlag als grundlegendes Buch von Dr. Klaus Douglass zum missionarischen Gemeindeaufbau in der Volkskirche. Es zeigt die zwölf wichtigsten Ansatzpunkte für missionarisch-innovative Gemeinden auf, z.B. die reformatorische Mitte, die Spiritualität, den missionarischen Auftrag, die Schlüsselrolle der Ehrenamtlichen, den Pfarrberuf oder die Leitungsverantwortung der Presbyterien. Sehr praktisch werden auch Kleingruppen, Gottesdienst, Strukturen und Kultur der Gemeinde entfaltet. Alles ist mit spritziger Feder geschrieben und mit Leitbildern von Tiki Küstenmacher garniert.

Das dazu erschienene „Arbeitsbuch Die neue Reformation. 12 Schritte für eine zukunftsfähige Gemeinde" macht dieses Buch zugänglich für die Lektüre, Bearbeitung und Umsetzung in Ortsgemeinden und Kirchenkreisen.

Es erschließt die Texte und Themen von Klaus Douglass theologisch und didaktisch mit einer Fülle von Arbeitsfragen sowie mit anderen Methoden der Erwachsenenbildung. Es liefert Ideen für die Bearbeitung und Umsetzung (inkl. Textvorlagen, zusätzlicher Materialangebote und Literaturhinweisen). Es bietet zu jedem Thema einen vollständigen Veranstaltungsentwurf (Wochenenden, Gemeindeabende, Presbyteriumssitzungen etc.) und stellt alle notwendigen Kopiervorlagen im DIN A4-Format bereit (Küstenmacher-Karikaturen, Fragen, Texte, Materialien etc.).

Umfang: Spiralheftung, DIN A4, 190 Seiten, inkl. CD-ROM
Preis: 20,00 € (zzgl. Versandkosten)

Bestellungen:
Amt für Gemeindeentwicklung
und missionarische Dienste (gmd)
Evangelische Kirche im Rheinland
Missionsstraße 9 a, 42285 Wuppertal
Tel. 0202/2820-403, Fax. 0202/2820440
gmd@ekir.de, www.ekir.de/gmd

Zur geistlichen Ermutigung

Leben im Angesicht des Vaters – Ein Einkehrkurs

Tobias v. Boehn

„Leben im Angesicht des Vaters" ist ein Einkehrkurs, der zum Glauben ermutigen möchte. Der Kurs versteht sich hierbei – so ungewöhnlich es klingen mag – als ein „Spielplatz der Liebe Gottes." Auf einem Spielplatz üben Kinder spielend ein, was sie für ihr Leben brauchen. In vier Einheiten können die Teilnehmenden in einem geschützten Raum Gottes Liebe erleben, eine Antwort des Glaubens einüben und so erspüren, was es bedeutet, im Angesicht des Vaters zu leben. Es ist wie ein Spiel und doch so viel mehr. Die erlebte Liebe des Vaters befreit und weckt Sehnsucht, sich dieser heilenden und verändernden Liebe täglich neu zu öffnen. So eignet sich der Kurs auch für „Kirchendistanzierte", besonders aber für Menschen, die schon lange dabei sind.

Der Kurs setzt bei den Bedürfnissen einer Erlebnisgesellschaft an, in der nicht nur nach Informationen gefragt wird, sondern nach Erfahrungen mit Gott. Darum ist neben Hören und Sehen, Nachdenken und Reden die Ermutigung zu konkreten neuen Schritten wesentlicher Bestandteil der Einheiten. Das Arbeitsbuch leitet an, diesen Kurs in vier Einheiten (z.B. an vier Abenden) durchzuführen bzw. einen Tag der Stille zu gestalten. Form, Inhalt und Veranschaulichung sind leicht verständlich. Die Einheiten können mit einem begrenzten Aufwand vorbereitet werden.
Umfang: Spiralheftung, DIN-A4, 150 Seiten, inkl. CD-ROM Preis: 15,00 € (zzgl. Versandkosten)

Bestellungen:
Amt für Gemeindeentwicklung
und missionarische Dienste (gmd)
Evangelischen Kirche im Rheinland
Missionsstraße 9 a, 42285 Wuppertal
Tel. 0202/2820-403, Fax. 0202/2820440
gmd@ekir.de, www.ekir.de/gmd

Zur Stärkung der Gemeinschaft und der Sprachfähigkeit im Glauben

Werkwinkel – Mit biblischen Texten Räume gestalten

Tobias v. Boehn

Das Werkwinkel-Projekt ist ein Glaubensangebot besonderer Art. In Teams werden Bibelworte mit dem eigenen Leben ins Gespräch gebracht und in Installationen umgesetzt. Dabei erleben die Teilnehmenden, wie sich die unterschiedlichen Begabungen ergänzen und wie sie miteinander etwas Wunderschönes schaffen können. Am Ende des Tages stehen gestaltete Räume, in denen biblische Geschichten mit allen Sinnen erfahren werden können. Später können die Räume für Gäste geöffnet werden.

Das Buch leitet an, dieses Projekt in der eigenen Gemeinde bzw. auf einer Freizeit durchzuführen. Es ist leicht verstehbar und aufgrund der ausführlichen Beschreibung der einzelnen Arbeitsschritte gut umsetzbar. Das vorliegende Buch ist das Ergebnis einer mehrjährigen Experimentierphase in verschiedenen Umgebungen (wie Gemeinde, Schule, Freizeiten) sowie mit verschiedenen Zielgruppen (Mitarbeitende, Familien, Konfirmanden, Jugendliche und Senioren). Das Buch will außerdem dazu anregen, über die Vorstellung des Projektes neue kreative Wege zu beschreiten. Es kann so auch als Ideenbörse verwendet werden, um auf kreative Weise die biblische Botschaft ganzheitlich zu vermitteln.

Umfang: Spiralheftung,
DIN A4, 84 Seiten, inkl. CD-ROM
Preis: 12,00 € (zzgl. Versandkosten)

Bestellungen:
Amt für Gemeindeentwicklung
und missionarische Dienste (gmd)
Evangelische Kirche im Rheinland
Missionsstraße 9 a, 42285 Wuppertal
Tel. 0202/2820-403, Fax. 0202/2820440
gmd@ekir.de, www.ekir.de/gmd

Motivieren
Sich selbst und andere begeistern!

Klaus Douglass

Nahezu täglich kommen wir mit dem Wort „Motivation" in Berührung. Allerdings kommen wir bei weitem nicht jeden Tag in den Genuss, Motivation zu erfahren. Die Anzahl der Erlebnisse und Menschen, die uns einen positiven Schub geben, ist vergleichsweise gering. Unsere Fähigkeit, uns selbst einen solchen Schub zu vermitteln, ist ebenfalls begrenzt. Vielleicht reden wir deshalb so viel von Motivation, weil wir so wenig davon haben.

Dieses Taschenbuch zeigt Ihnen, wie Sie sich selbst und Ihre Gemeinde für wichtige Ziele begeistern können!

» Wie sich selbst motivieren

» Wie Sie für sich sorgen und sich auf Ihre Stärken konzentrieren

» Wie Sie Menschen aufbauen

» Welche Grundregeln der Motivation Ihnen zu positivem Handeln verhelfen

Das Wichtigste auf einen Blick – mit vielen Tests und Checklisten

Klaus Douglass ist Pfarrer der Evangelischen Kirche in Hessen und Nassau und hat als Autor bereits eine Reihe von Büchern veröffentlicht, unter anderem „Die neue Reformation – 96 Thesen zur Zukunft der Kirche", „Glaube hat Gründe" und „Gottes Liebe feiern".

UMFANG	Paperback, 120 Seiten
FORMAT	11 × 18 cm
PREIS	7,95 Euro
ISBN	978-3-928093-74-3 ab 2008: 978-3-86770-074-0

Nur keinen Streit vermeiden
Ein Konflikttraining für Christen

Johannes Stockmeyer

„Erfolgreich bestandene Konflikte bergen große Chancen in sich. Ein Konflikt signalisiert: Es steht Neues bereit, es muss nicht so bleiben wie es war. Was bisher eingemauert war, hart und starr, soll neu in Bewegung kommen. Wo Resignation herrschte, soll Hoffnung auf Veränderung entstehen."

Konflikte gibt es überall: im Beruf, in der Familie, in der Gemeinde. Das muss aber keine Katastrophe sein. Hinter jedem Konflikt verbirgt sich eine Chance zu positiver Veränderung – wenn man nur gelernt hat Konflikte aufzudecken und kreativ mit ihnen umzugehen.

Das Besondere: Hier wird nicht nur über Konflikte philosophiert, sondern der Autor gibt konkrete Hilfen an die Hand: Arbeitsblätter, Checklisten, Tests, Gruppenübungen, etc. Ein Arbeitsbuch, das sich als „Trainingsprogramm" für einzelne Christen und ganze Gruppen eignet.

Johannes Stockmayer, Jahrgang 1955 und Sohn einer alten württembergischen Pfarrersfamilie, ist Gemeindeberater und hat sich auf die Gebiete Mitarbeiterschulung, Konfliktberatung sowie die Begleitung von Gemeinden bei Veränderungsprozessen spezialisiert.

UMFANG	Paperback, 280 Seiten
FORMAT	13,5 × 21 cm
PREIS	16,80 Euro
ISBN	978-3-928093-19-4 ab 2008: 978-3-86770-019-1

Alle Titel erhältlich in jeder Buchhandlung oder direkt bei

C & P Versandbuchhandlung Telefon 0180/567 00 15*
Kastanienstraße 11 Fax 0180/567 00 16*
D-61479 Glashütten Internet http://shop.cundp.de

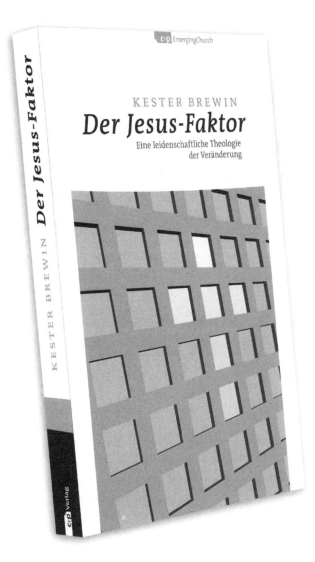

Der Jesus-Faktor
Eine leidenschaftliche Theologie der Veränderung

Kester Brewin

Was haben das menschliche Gehirn, ein Ameisenhaufen und die Kirche der Zukunft gemeinsam?

Auf faszinierende Weise zeigt Kester Brewin, dass diese Frage mehr ist als nur ein Gedankenspiel: Alle drei müssen nämlich über besondere Fähigkeiten verfügen, wenn sie überleben wollen; sie müssen klug auf ihre Umwelt reagieren, sich anpassen und als komplexe Systeme ausgeklügelte Kommunikationsstrukturen entwickeln. Wenn wir anfangen die Kirche als Organismus und nicht als Organisation zu begreifen, entdecken wir schnell, wie viel wir von der Biologie über gesunde Veränderungs- und Entwicklungsprozesse in unseren Gemeinden lernen können.

Wenn man gerade die großstädtischen Veränderungen als Bild für die Zukunft nimmt und sich fragt, welche Beziehungen dieser Zeitenwandel zum Leben Jesu hat, kommt ein Buch heraus, das die Kernideen der weltweiten „Emerging Church"-Bewegung verdeutlicht, in der Wissenschaftler und Gemeindepraktiker gemeinsam Perspektiven für die Zukunft entwickeln.

Kester Brewin ist Lehrer an einer Gesamtschule in der Londoner Innenstadt und beschäftigt sich publizistisch seit langem mit dem Thema „Bildung". Er wurde 1972 in einem Pfarrhaus geboren und ist seither in der Kirche von England engagiert.

UMFANG	Paperback, 234 Seiten
FORMAT	13,5 × 21 cm
PREIS	14,80 Euro
ISBN	978-3-928093-73-6
	ab 2008: 978-3-86770-073-3

Das 1×1 der Emerging Church

Fabian Vogt

Zum ersten Mal in der Geschichte der Christenheit treffen sich Wissenschaftler unterschiedlichster Disziplinen, erfahrene Kirchenpraktiker, motivierte Laien, Hauptamtliche vielfältiger Konfessionen und Gläubige aller Kontinente im Internet, um gemeinsam eine alltagstaugliche Theologie zu entwerfen; eine Theologie, die die Kirche stark macht für die Zukunft: die „Emerging Church".

Inspiriert von der Emergenztheorie, mit deren Hilfe man erklären kann, wie es in komplexen Systemen zu einer funktionierenden Selbstorganisation kommt, entwickelt die „Emerging Church" faszinierende Grundlagen für glaubensstarke Gemeinschaften, die geistlich gesund, kulturell anpassungsfähig und zugleich selbst gesellschaftsprägend sind.

Fabian Vogt, Autor, Musiker, Künstler und Pfarrer der Evangelischen Kirche in Hessen und Nassau, präsentiert eine handliche Einführung in diesen revolutionär neuen, theologischen Ansatz, stellt die wichtigsten Erkenntnisse vor und zeigt, wie Gemeinden damit geistliche Erneuerungsprozesse beginnen können.

UMFANG	Paperback, 80 Seiten
FORMAT	11 × 18 cm
PREIS	4,00 Euro ab 10: 3,50 Euro ab 20: 3,00 Euro
ISBN	978-3-928093-78-1 ab 2008: 978-3-86770-078-8

Alle Titel erhältlich in jeder Buchhandlung oder direkt bei

C & P Versandbuchhandlung	Telefon 0180/567 00 15*
Kastanienstraße 11	Fax 0180/567 00 16*
D-61479 Glashütten	Internet http://shop.cundp.de

Weitere Materialien

Auf **www.inspiriert-leiten.de** – der Internetseite zu diesem Buch – finden Sie weitere Arbeitsmaterialien, unter anderem die Bastelanleitungen, Fotos der verschiedenen Arbeitsschritte und Arbeitsphasen, sowie Vorlagen für Präsentationsfolien.

Der Zugriff auf diese Arbeitsmaterialien ist geschützt und erfordert eine Registrierung mit Ihrer eMail-Adresse. Den hierfür erforderlichen Zugangscode finden Sie im Impressum dieses Buches.